시니어, 신중년을 위한
스마트폰 활용 마스터북

온디바이스 AI
핸드폰으로 배우는
새로운 세상

시니어, 신중년을 위한 스마트폰 활용 마스터북

온디바이스 AI 핸드폰으로 배우는 새로운 세상

초판 1쇄 인쇄   2024년 4월 9일
초판 1쇄 발행   2024년 4월 18일

공저자   노정자 홍은희 유경숙 정마리아 정미아 한은진 유순호 김혜영 김선규 김지연
펴낸곳   재노북스
펴낸이   이시은
표지디자인 및 편집   유정화, 이설희
내지디자인 및 편집   유정화, 이설희

ISBN   979-11-93297-07-0 (13370)
정가   22,500원

출판등록   2022년 4월 6일 (제2022-000006호)

서울시 금천구 가산디지털1로 205-27, 에이원 704호
팩스 | 050-4095-0245
카톡문의 | 재노북스
이메일 | zeno_books@naver.com
블로그 | https://blog.naver.com/zeno_books
원고접수 | 이메일 혹은 재노북스 카카오톡채널

당신의 경험이 재능이 되는 곳
당신의 노력이 노하우가 되는 곳
책으로 당신의 성장을 돕습니다.

작가님의 참신한 아이디어나 원고를 기다립니다.
접수한 원고는 검토 후 연락드리겠습니다.

시니어, 신중년을 위한
스마트폰 활용 마스터북

온디바이스 AI 핸드폰으로 배우는 새로운 세상

노정자 홍은희 유경숙 정마리아 정미아
한은진 유순호 김혜영 김선규 김지연

재노북스

추천사

시니어와 신중년층에서 SNS 스마트폰 활용은 가족과 친구들과의 소통을 강화할 수 있고, SNS를 통해 사진, 동영상, 글 등을 공유하고 코멘트를 남기면서 서로의 소식을 주고받을 수 있으며 가까운 존재감을 느낄 수 있고, 취미나 관심사를 공유하고 정보를 얻을 수 있습니다. 이런 스마트폰 활용을 위해서는 스마트폰의 화면 조작, 앱 설치, 사진 촬영 등의 기본적인 사용법을 익혀야 합니다. 이 책은 이런 시니어들에게 스마트폰 활용 기술을 습득시키기 위해 잘 구성된 강사들의 마스터 북이라 생각합니다, 이 책은 스마트폰을 통한 소통과 연결, 정보 획득을 즐겁고 안전하게 할 수 있도록 강사들을 돕기 위해 제작되었습니다. 이 책을 통해 스마트폰이 더 이상 어렵고 낯선 도구가 아닌 스마트폰의 다양한 기능을 활용하여 새로운 경험과 소통의 도구로 활용될 수 있기를 기대합니다.

호서대학교 벤처대학원 장관종 교수

인공지능 기술은 스마트폰과 접목되어 우리의 일상생활 을 다양하게 변화시키고 있습니다. 생성형 인공지능의 등장으로 텍스트 생성, 요약, 번역 등이 가능해지면서 업무자동화가 가능해지고, 예술 영역에도 영감을 주고 있습니다. 이러한 변화의 시대에 스마트폰 활용을 통한 인공지능 기술에 대한 이해는 시니어들에게도 필수적인 내용이 되어가고 있습니다. 본 책은 시니어들이 스마트폰 활용 및 인공지능 기술에 대한 이해를 높이는데 도움이 되도록 구성이 되어 있어 스마트폰 활용 지도사 자격증 취득을 준비하는 강사들에게 도움이 되는 지침서입니다. 이 책을 통해 강사로서 제2의 인생을 출발하는데 도움이 될 수 있기를 기대합니다.

한국열린사이버대학교 인공지능융합학과 정유채 교수

이슈에 맞는 적절한 타이밍에 〈시니어, 신중년을 위한 SNS스마트폰활용 마스터북〉 출간은 매우 기쁜일 입니다, 노정자 대표외 작가님들께 축하의 말씀을 전합니다. 시니어 일자리 현장에서 오랜 기간 일을 하면서 필요한 부분이었습니다. 이 책이 앞으로 신중년 독자들에게 많은 사랑을 받아 지속적으로 인공지능과 융합한 업그레이드버전이 출간되기를 기대합니다.

태영건설 시니어 일자리 팀장 김용구대표

스마트폰은 이제 생활의 필수품이 되었습니다. 기본적인 사용법 이외에도 배우면 배울수록 할 수 있는 일이 무궁무진 합니다. 가족, 친구들과의 소통은 물론 일상생활을 편리하게 해 줄 뿐 아니라 업무에서는 비서가 되기도 하고, 공부할 때는 마르지 않는 지식창고가 되기도 합니다. 올해는 AI 기능이 탑재된 스마트폰이 출시되어 검색은 물론 다양한 창작활동까지 도와주고 있습니다. 더욱이 생활에 쫓겨 잠시 잊고 있었던 꿈을 이룰 수 있게 해 주는 든든한 지원자가 되었습니다. 디지털 세상의 혜택을 누리면서 스마트한 일상을 만들어 살아가고 싶으신 분께 추천합니다.

정책학 박사, 대한노인회 정형진 부회장

프롤로그

스마트폰과 함께 디지털 세상으로의 여정을 함께 떠나보실까요? 요즘 세상은 정말 빠른 속도로 변화하고 있습니다. 변화에 가속도가 붙게 하고, 디지털 세상으로 연결하는 스마트폰은 우리의 일상생활을 놀라울 정도로 변화시키고 있습니다.

스마트폰만 있으면 영상통화를 통해 멀리 있는 지인들과 실시간으로 소통하고, 뉴스, 날씨 등 다양한 정보에 손쉽게 접근할 수 있습니다. 일정 관리, 쇼핑, 음악감상, 영화감상을 할 수 도 있고 인터넷 강의, 애플리케이션을 통한 언어학습, 팩스전송 등 다양한 분야에서 활용할 수도 있습니다. 최근에는 인공지능 AI가 탑재된 스마트폰이 출시되어 전 세계의 이목을 끌고 있습니다.

이제는 24시간 언제 어디서든 활용할 수 있는 내 손 안의 컴퓨터, 스마트폰을 잘 활용하기 위해서 배워야 할 때가 되었습니다. 지난 8년간 현장에서 스마트폰 강의를 하면서 다양한 경험을 했습니다.

처음 수업을 듣기 시작할 때는 '혼자서 해도 충분한데 배울 게 더 있을까?' 하며 적당히 시간이나 보내기 위해 수업에 참여했던 분들이 한 시간 정도가 지나고 나면 '스마트폰으로 새로운 세상이 열렸다'며 '신박하고 똑똑한 기기를 활용할 수 있게 해주어 고맙다'라고 하셨습니다.

이 책에서는 스마트폰을 배우고 익혀서 강의하시는 분들이 일상에서 즐겁게 활용할 수 있도록 했습니다. 기본적인 설정부터 일상에서 활용할 수 있도록 길 찾기, 나만 몰랐던 카카오톡 활용, 멋진 카드뉴스 만들기 등등 생활에서 꼭 필요한 내용을 경험담과 함께 풀어놓았습니다.

스마트폰은 여러분이 디지털 세상으로 나아가는데 도우미 역할을 할 것입니다. SNS를 잘 활용하는 것은 물론 가족과의 소통, 정보의 확장, 생활의 편리함, 학습의 기회, 업무의 효율화를 위한 다양한 역할을 해낼 것입니다.

이 책은 스마트폰을 배우면서, 강의를 하면서 꼭 필요한 내용들을 독립적으로 구성하여 배치했습니다. 순서대로 보시는 것도 좋고 어디든 펼쳐보아도 도움이 되도록 구성했습니다. 앱 사용법은 물론 디지털 세상의 용어 스마트폰을 배우면서 생기는 의문점에 대한 답을 실었습니다.

이 책을 통해 스마트폰과 함께하는 일상에서 더 풍요로운 생활을 만들고, 진정한 세대 간의 소통과 융합의 시작이 되기를 기원합니다.

2024년 4월 홍은희 드림

목 차

프롤로그
추천사

PART 1
Canva 매직 챗GPT 활용 내 손 안에 스마트폰 퍼스널브랜딩　　12
　　　　　　　　　　　　　　　　　　　　　　　　　　　　　노정자

- Canva 개요　　15
- Canva속 챗GPT 활용으로 썸네일 만드는 방법　　15
- Canva를 사용하여 디지털 명함 만들기　　20
- 카드뉴스를 사용하여 나를 홍보하는 방법　　22
- 생성형AI와 함께 성장하고있는 Canva의 장점　　22
- Canva 사용시 당신만 모르는 Q&A 10문항　　23

PART 2
무료로 음악 다운받기　　26
　　　　　　　　　　　홍은희

- 음악다운 앱 다운로드하기　　29
- 다운받은 앱 홈 화면에 추가하기　　31
- 내가 좋아하는 음악으로 휴대폰 벨 소리 설정하기　　36
- 특정인의 벨 소리 다운로드한 음악으로 설정하기　　37
- 휴대전화 알람음을 내 음악으로 설정하기　　38

PART 3
길치도 스마트폰 하나로 쉽게 찾아가는 네이버 지도 길찾기　　42
　　　　　　　　　　　　　　　　　　　　　　　　　　　　유경숙

- 네이버 길찾기의 개요　　45
- 대중교통 및 자가운전으로 길 찾기　　46
- 도보 및 자전거로 길 찾기　　53

PART 4
초보자를 위한 인스타그램 비즈니스 홍보와 수익창출   정마리아   **58**

인스타그램 개요	61
인스타그램 계정 만들기	61
인스타그램으로 비즈니스 홍보하기	66
인스타그램으로 수익을 창출하는 방법	67

PART 5
아이디어를 현실로 만드는 창작 프로세스 - 미리캔버스   정미아   **70**

지금은 너도 나도 콘텐츠 시대	73
미리캔버스 소개	74
미리캔버스 활용 사례	77
미리캔버스로 나도 PPT의 강자	80
미리캔버스를 활용한 미래 전망	90

목 차

PART 6
내 손안의 디지털 세상 · 94
한은진

- 디지털 기기의 정의와 종류 · 97
- 디지털기기의 기본 조작방법 · 98
- 인터넷 사용 어렵지 않아요 · 101
- 디지털 기기를 활용한 취미 활동 · 104
- 동영상 편집앱 5가지 · 106

PART 7
오디놀(하루 5분 디지털놀이터) · 114
유순호

- 오디놀의 특징 · 117
- 오디놀 디지털 학습터의 장점 · 118
- 오디놀 기본 사용법 · 119
- 오디놀을 활용한 교육 · 128

PART 8
스마트폰, 궁금해? 답은 여기있어. · 130
김혜영

- 스마트폰을 사용하는데 화면이 자꾸 옆으로 돌아가서 불편해요 · 133
- 스마트폰을 보고 있으면 화면이 점점 어두워져요 · 134
- 실수로 사진을 지웠는데 찾을 수 없나요? · 135
- 사진 찍을 때 하얀 동그라미가 화면을 돌아다녀요 · 137
- 잘못 눌러서 설치된 앱은 어떻게 삭제하나요? · 138
- 스마트폰 배터리 수명 연장 방법에 대해 알려줘 · 140
- 스마트폰 저장공간 확보하는 방법도 알려줘 · 141

PART 9
카카오톡의 숨어 있는 여러 가지 기능 알아보기   **142**
                                                                  김선규

카카오톡의 숨어있는 여러가지 기능 알아보기   **145**
카카오톡 택배보내기   **146**
광고전화 차단하기   **148**
다양한 멤버쉽 한 번에 적립하기   **150**

PART 10
스마트폰 기본 활용   **154**
                                        김지연

저장공간 확보하기   **157**
화면 글자 크기 조정하기   **159**
화면 꺼짐 시간 조절하기   **161**

PART 1

Canva 매직 챗GPT 활용
내 손안에 스마트폰 퍼스널 브랜딩

노 정 자

현재 한국열린사이버대학교 인공지능융합학과 특임교수로 활동 중이며 시니어들의 롤모델로 떠오르고 있다. 노원구 50플러스센터 창업비전센터 '누나는인플루언서' 대표이다.

■ 출간 이력
그대라는 놀라운 기적(2023. 행복한북창고)
어려울 때 힘이 되는 지혜의 잠언장(2022. 유페이퍼)
누나는인플루언서(2022. 유페이퍼)

■ 주요 경력 및 활동
현) 누나는인플루언서 대표
현) 한국열린사이버대학교 특임교수
빅데이터전문가1급(2024.과학기술정보통신부)
창의로봇지도사1급(2024.과학기술정보통신부)
1인미디어콘텐츠창작자(2022.과학기술정보통신부)
자존감코칭전문가1급(2022.과학기술정보통신부)
심리상담사1급(2022.과학기술정보통신부)
유트브크리에이터1급(2021.과학기술정보통신부)
SNS마케팅지도사1급(2021.과학기술정보통신부)
스마트폰활용지도사1급(2021.과학기술정보통신부)

■ SNS채널
블로그 https://m.blog.naver.com/goodja0310
인스타 @IFLAND_NUNA
카카오톡ID Njj415900
이메일 goodja0310@hanmail.net

CONTENTS

Canva 개요	15
Canva 속 챗GPT 활용으로 썸네일 만드는 방법	15
Canva를 사용하여 디지털 명함 만들기	20
카드뉴스를 사용하여 나를 홍보하는 방법	22
생성형AI와 함께 성장하고 있는 Canva의 장점	22
Canva 사용 시 당신만 모르는 Q&A 10문항	23

Canva의 개요

Canva는 2012년 호주에서 설립된 온라인 그래픽 디자인 플랫폼이다. 누구나 쉽게 디자인할 수 있도록 다양한 기능과 템플릿을 제공한다. Canva는 웹사이트와 모바일 앱으로 제공되며, 100개 이상의 언어를 지원한다.

Canva는 다양한 종류의 디자인을 만들 수 있다. 포스터, 카드, 배너, 프레젠테이션, 인포그래픽, 로고, 리플릿, 명함, 이메일, 소셜 미디어 게시물 등 다양한 디자인을 만들 수 있다. Canva는 다양한 템플릿을 제공하기 때문에, 디자인 초보자도 쉽게 디자인을 만들 수 있다.

Canva는 다양한 기능을 제공한다. 글꼴, 색상, 배경, 이미지, 아이콘, 그래픽 등 다양한 요소를 사용하여 디자인을 만들 수 있다. Canva는 또한 다양한 협업 기능을 제공한다. 다른 사용자와 함께 디자인을 만들거나, 디자인을 공유할 수 있다.

Canva는 무료로 사용할 수 있지만, Canva Pro를 구독하면 더 많은 기능과 템플릿을 사용할 수 있다. 월간 14,000원 연간 129,000원에 사용가능하다. 팀으로 사용할 경우 5명이 한팀이 되어, 연간 280,000원을 결제하면 한 명이 1년 동안 56,000원으로 Canva Pro를 함께 사용할 수 있다.

Canva 속 챗GPT 활용으로 썸네일 만드는 방법

Canva를 사용하여 썸네일을 만드는 것은 매우 쉽다. canva 첫 화면에서 추천항목을 확인할 수 있고, 화이트보드, 프레젠테이션, 동영상, 인스타그램 게시물, 포스터 등을 자유자재로 제작할 수 있다. 좌측 메뉴에는 홈, 프로젝트, 템플릿, 브랜드 허브, 업로드 항목 등을 설정할 수 있다.그럼, 지금부터 참 쉬운 캔바 매직을 체험하러 간다.

 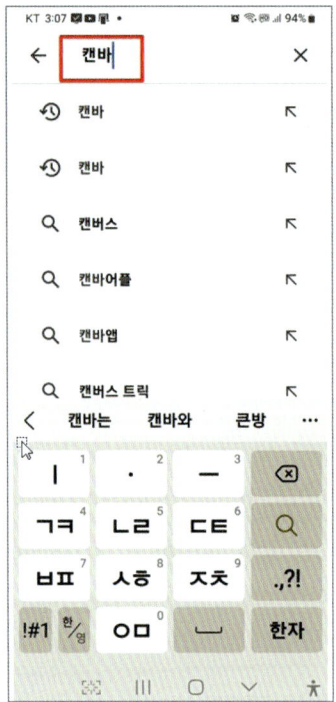 

① 검색포털 크롬이나 웨일에서 canva 혹은 캔바를 검색한다. 처음이면 다운로드를 클릭하고, 사용 중이면 업데이트 or 열기를 클릭한다.

  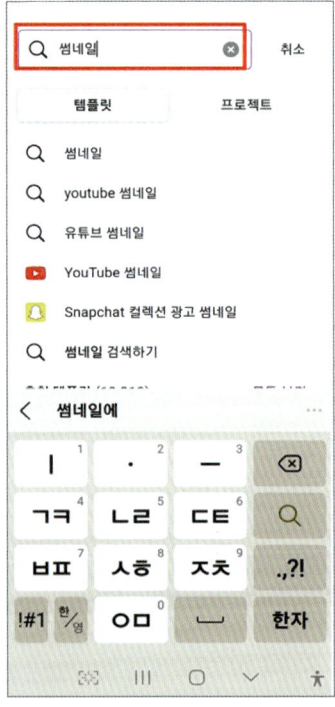

② Canva 웹사이트 또는 앱을 열어 검색창에 "썸네일"를 검색한다.
③ 템플릿 20000여 개 중 원하는 템플릿을 선택한다. 순서대로 보고 따라 한다.
④ 추석을 맞아 한가위 템플릿을 선택 후 편집한다. 심플한 모델로 선택하여 연습하면 금방 친숙해진다.

⑤ 원하는 이미지를 넣고 싶다면, 하단 +를 클릭 후 갤러리에서 페이지 추가로 불러온다.
⑥ 기존 텍스트를 삭제 후 원하는 글을 작성한다. '풍요로운'은 '해피 추석'으로 '추석되세요'는 '누나는 인플루언서'로 클릭 후 수정한다
⑦ 하단 바에서 우측으로 드래그하면서 편집, 글꼴, 텍스트 스타일, 글꼴 크기를 바꿔준다. 나에게 맞는 스타일로 변경이 가능하다.

  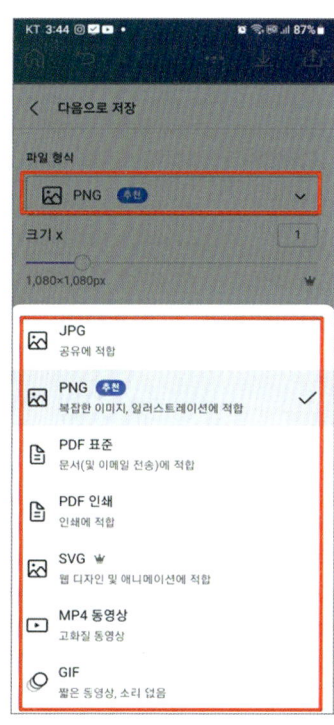

PART1 Canva 매직 챗GPT 활용 내 손 안에 스마트폰 퍼스널브랜딩 스마트폰   17

⑧ 썸네일을 다운로드한다. 아래로 표시는 이미지가 PNG 출력 갤러리로, 위로 표시는 다운로드를 누른 후 PNG, MP4, PDF 등 형식을 선택할 수 있다. 움직이는 영상이라도 PNG로 선택하면 사용하기에 편리하다.

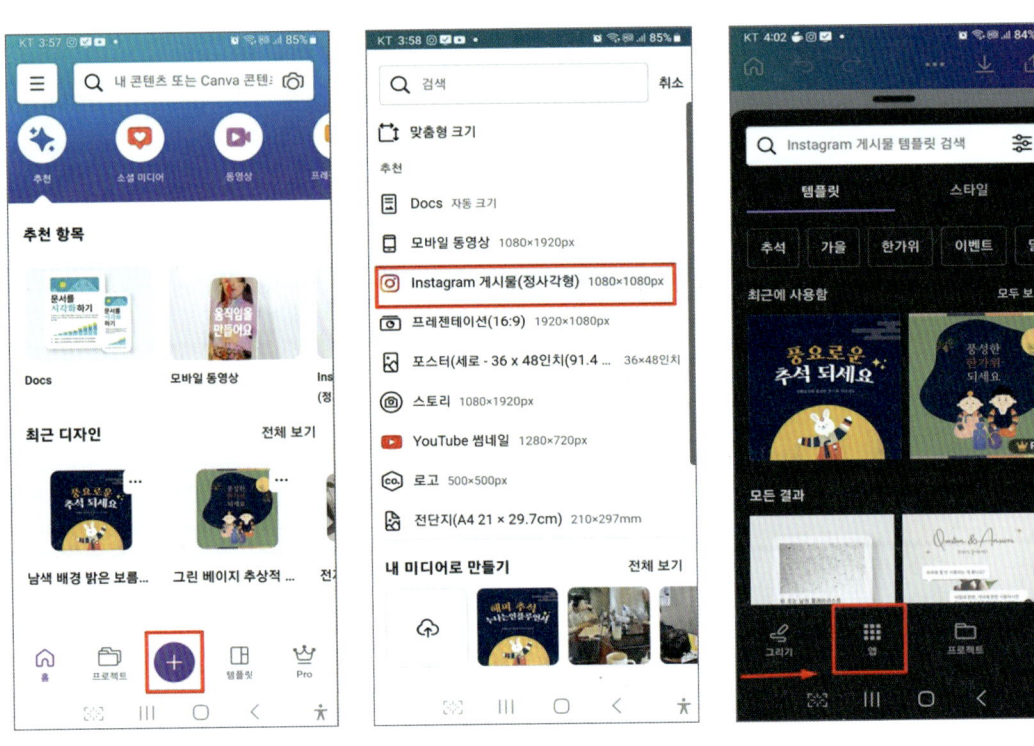

다음은 챗GPT를 활용해 썸네일을 만들어 본다. Canva에 챗GPT가 장착되었다. 먼저 Canva 홈 화면을 열고, 하단에 '+'를 누른다.

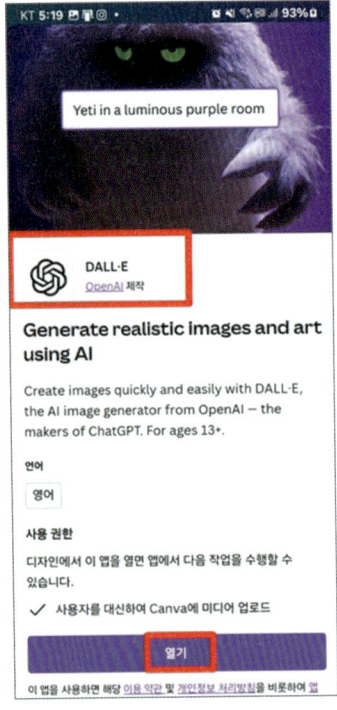

① Instagram 게시물(정사각형)을 클릭하면 여러 가지 템플릿이 나온다.

② 하단에서 화살표 방향으로 드래그한 후, '앱'을 클릭하면 DALL·E가 보인다.

③ DALL·E를 클릭한다

④ 연습창에 '빨강 사과 세 개' 명령어(프롬프트)를 입력한 후, Generate를 클릭한다. 명령어를 입력하니 사과 이미지가 생성되었다.

⑤ 만들어진 이미지가 마음에 안 든다면, 다른 명령어를 다시 넣고, 'Generate again'를 클릭한다. 처음부터 다시 명령어를 넣기 위해서는 'Go back'을 클릭한다.

⑥ 그려진 이미지 두 개중, 한장을 선택한다. 처음 선택한 하얀카드로 들어온다.

⑦ 이미지를 클릭하면 점 세 개가 나온다. 위 점 세 개를 클릭해 '이미지를 배경으로' 터치하면 된다.

⑧ 저장 후 다운로드한다.

다음 마음에 드는 한 장의 이미지도 순서대로 다시 가져올 수 있다. 언제나 하단 '+'를 누른 후, 다시 가져올 이미지를 클릭하면, 처음 이미지 위로 올라온다.

이처럼 Canva는 무엇이든 원하는 것을 프롬프트(prompt) 명령어를 통해 Canva에서 요청하면 1분 내로 완성할 수 있다. 내가 상상하는 대로, 꿈꾸는 대로, 원하는 대로, 바라는 대로 이미지를 뚝딱 만들어내는 시대다.

Canva를 사용하여 디지털 명함 만들기

① 먼저 Canva 홈 화면을 열고 검색창에 "명함"을 검색한다.
② 템플릿 16000여 개 중 원하는 템플릿을 선택한다.
③ 이때 왕관이나 '원' 표시가 없는 템플릿을 선택해 편집한다.
④ 무료로 제공된 템플릿은 얼마든지 활용 용도에 따라 제작이 가능하다.

⑤ 사진을 넣고 싶다면, 갤러리에서 원하는 이미지로 추가해서 가져온다.
⑥ 기존 텍스트를 삭제 후 원하는 글을 작성한다.
⑦ 명함을 다운로드 한 후 갤러리에서 가져다 사용한다.

 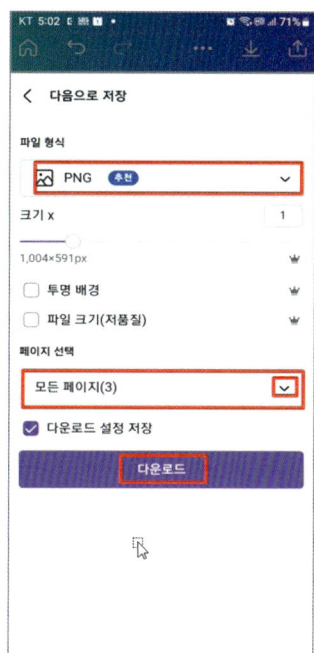 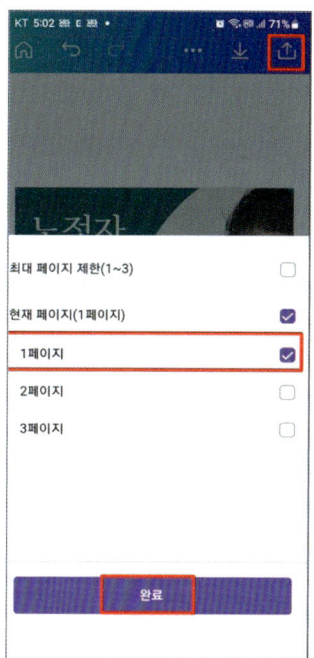

⑧ 위와 같이 템플릿이 여러 장으로 된 샘플을 선택했다면 출력 시 주의가 필요하다.
⑨ 다운로드 시, 파일 형식에서 'PNG' 선택 후 페이지 선택이 필수이다.
⑩ 다음은 모든 페이지를 클릭한 후, 현재 페이지를 선택한다.

⑪ 다운로드를 시작하는 순간 Canva 매직이 시작된다. 어느새 갤러리에 도착했다.

카드뉴스를 사용하여 나를 홍보하는 방법

Canva를 사용하여 만든 카드를 홍보할 때 다음 팁을 사용해 본다.

> *카드를 적절한 대상에게 홍보한다.
> *카드를 홍보할 때 효과적인 메시지를 사용한다.
> *카드를 홍보할 때 시의적절하게 한다.
> *카드를 홍보할 때 지속적으로 한다.

① 카드를 적절한 대상에게 홍보한다.
② 카드를 홍보할 때 효과적인 메시지를 사용한다.
③ 카드를 홍보할 때 시의적절하게 한다.
④ 카드를 홍보할 때 지속적으로 한다.
⑤ 카드를 필요에 따라 1분이면 오케이, 캔바 매직이다.
⑥ 한번 만든 카드는 하루 3번 정도 인스타그램을 활용한다.
⑦ 놀라운 효과를 체험할 수 있다.

생성형AI와 함께 성장하고 있는 Canva의 장점

Canva는 활용하면 할수록 장점이 많다. 아래와 같은 장점을 가지고 있다.

1. 사용자 친화적인 인터페이스
Canva는 직관적이고 사용하기 쉬운 인터페이스를 제공하여 디자인 경험이 없는 사람들도 쉽게 디자인을 만들 수 있다.

2. 다양한 템플릿
Canva는 다양한 카테고리의 수천 개의 프로페셔널한 템플릿을 제공한다. 이를 통해 사용자는 손쉽게 원하는 디자인을 선택하고 수정할 수 있다.

3. 커스터마이징
사용자는 텍스트, 이미지, 아이콘, 색상 등 다양한 요소를 자유롭게 커스터마이징할 수 있다.

4. 다양한 디자인 옵션

Canva는 포스터, 프레젠테이션, 소셜 미디어 포스트, 로고, 비즈니스 카드 등 다양한 디자인 옵션을 제공한다.

5. 협업 기능

여러 사용자가 동시에 디자인을 수정하고 공유할 수 있어 팀 프로젝트에 이상적이다.

6. 무료 및 유료 옵션

기본적인 디자인 툴과 템플릿은 무료로 사용할 수 있으며, 프리미엄 리소스와 기능을 이용하려면 유료 구독을 선택할 수 있다.

7. 모바일 앱

Canva는 모바일 앱을 통해 언제 어디서나 디자인을 만들 수 있다.

8. 프린트 및 배송 서비스

사용자는 Canva에서 디자인한 작품을 직접 인쇄하고 주소지로 배송받을 수 있다. 알면 알수록 사용이 편리한 Canva 편집 디자인 툴을 가장 많이 사용하는 몇 가지 예를 들어 본다. 일상생활에 편리한 툴이 되며, 나만의 콘텐츠를 개발하기에도 용이한 도구다.

Canva 사용시 당신만 모르는 Q&A 10문항

Canva는 누구나 쉽게 디자인을 할 수 있도록 도와주는 훌륭한 도구다. Canva 디자인에 대한 대중적으로 많은 궁금증을 Q&A로 10문항을 작성해 보았다.

Q1. Canva는 무료인가요?

Canva는 기본적으로 무료로 사용할 수 있다. 그러나 Canva Pro, Canva for Enterprise 및 Canva for Education과 같은 유료 플랜도 제공하다. 유료 플랜을 사용하면 더 많은 기능과 리소스를 사용할 수 있다.

Q2. Canva의 장점은 무엇인가요?

① 무료로 사용할 수 있다.
② 다양한 디자인 템플릿을 제공한다.

③ 다양한 요소를 추가할 수 있다.
④ 다양한 기능을 제공한다.
⑤ 다양한 장치에서 사용할 수 있다.
⑥ 모바일버전으로 언제 어디서나 한 장의 카드 완성한다.

Q3. Canva를 사용하기 위해서는 어떤 준비가 필요합니까?

① 인터넷 연결
② 웹 브라우저
③ Canva 계정

Q4. Canva에서 디자인을 만들려면 어떻게 해야 하나요?

① Canva에 로그인한다.
② 디자인을 만들고 싶은 카테고리를 선택한다.
③ 디자인 템플릿을 선택한다.
④ 디자인에 요소를 추가한다.
⑤ 디자인을 저장한다.
⑥ 내 갤러리에 저장되었다. 가져다 사용하면 된다.

Q5. Canva에서 디자인을 공유하려면 어떻게 해야 하나요?

① 디자인을 선택한다.
② 공유 버튼을 클릭한다.
③ 공유 방법을 선택한다.
④ 카카오톡을 선택했다면 즉시 공유하면 1초 만에 전달된다.

Q6. Canva에서 디자인을 다운로드하려면 어떻게 해야 하나요?

① 디자인을 선택한다.
② 다운로드 버튼을 클릭한다.
③ 다운로드 형식을 선택한다.
④ PNG, MP4를 먼저 확인한다.
⑤ 현재 필요한 페이지를 체크한다.
⑥ 다운로드 한다.

Q7. Canva에서 디자인을 편집하려면 어떻게 해야 하나요?

① 디자인을 선택한다.
② 편집 버튼을 클릭한다.
③ 디자인을 원하는 대로 변경한다.
④ 디자인을 저장한다.

Q8. Canva에서 디자인을 삭제하려면 어떻게 해야 하나요?

① 디자인을 선택한다.
② 삭제 버튼을 클릭한다.
③ 자인을 삭제할 것인지 확인한다.

Q9. Canva에서 디자인을 찾으려면 어떻게 해야 하나요?

① 검색창에 디자인의 이름을 입력한다.
② 디자인을 클릭한다.

Q10. Canva에서 디자인에 대한 도움을 받으려면 어떻게 해야 하나요?

① Canva 도움말 센터를 방문한다.
② Canva 고객 지원에 문의한다.

Canva로 전자책 만들 때 유용한 팁

① 전자책의 디자인과 레이아웃을 신중하게 선택한다.
② 전자책에 사용할 이미지와 그래픽을 고품질로 선택한다.
③ 전자책에 사용할 텍스트를 명확하고 간결하게 작성한다.
④ 전자책을 읽기 쉽게 글꼴 크기와 줄 간격을 조정한다.
⑤ 전자책을 인쇄하거나 PDF로 저장하여 읽을 수 있도록 한다.

위의 순서대로 따라 하면 Canva로 멋진 책을 만들 수 있다.
유용하게 읽으셨나요? 적용해 보시고 다음 책도 기대해 주실 거죠?

Part 2

무료로 음악 다운받기

홍 은 희

스마트폰활용 및 인공지능콘텐츠크리에이터 강사양성과정을 운영중이다. 서울특별시 동대문구, 성동구, 성북구를 비롯한 기관에서 8년째 강의를 하고 있다. 스마트폰과 SNS, 인공지능이 열어주는 신박하고 새로운 세상으로 교육생들을 이끌어주는 역할을 하고 있다.

■ 주요 경력 및 활동
현) 스마트라이프 대표
현) 익어가다 교육이사
현) 디지털융합교육원 지도교수
SNS지도사 (2023, 과학기술정보통신부)
인공지능콘텐츠 강사 (2023, 한국메타버스ESG연구원)
메타버스 강사 (2022, 과학기술정보통신부)
울산과학대학교 함께타는메타버스 강의 (2022)
스마트폰활용지도사1급 (2018, 과학기술정보통신부)

■ 출간 이력
챗GPT세상을 바꾸다 (미디어북, 2023)
디지털역량강화 교육전문가 홍은희와 함께하는 스마트폰활용 (SNS소통연구소, 2020)
퇴직예정자들이 꼭 알아야할 스마트폰활용 길라잡이 (SNS소통연구소, 2019)
스마트폰강사 홍은희와 함께하는 스마트폰활용 교육지침서 (SNS소통연구소, 2018)

■ SNS채널
블로그　　https://blog.naver.com/saizen345
인스타　　http://instagram.com/foodcarving_artist
유튜브　　https://bit.ly/3WQ9zn5
오픈카톡방　https://open.kakao.com/o/gWJrZxxd

CONTENTS

음악다운 앱 다운로드하기	29
다운받은 앱 홈 화면에 추가하기	31
내가 좋아하는 음악으로 휴대폰 벨 소리 설정하기	36
특정인의 벨 소리를 다운로드한 음악으로 설정하기	37
휴대전화 알람음을 내 음악으로 설정하기	38

스마트폰만 있으면 언제 어디서든 음악을 감상할 수 있다. 웹사이트에 접속해서 제목만 입력하면 음악에 대한 작사, 작곡가, 가사, 탄생 배경 등 다양한 정보를 쉽게 알 수 있다. 하지만 인터넷 연결이 안 될 경우엔 음악을 감상하다가 중단되기도 하고, 음악에 따라서는 1분 미리듣기만 제공하므로 전체를 감상하기 위해서는 유료로 구독을 하거나 특정 곡을 구입해야한다.

이러한 애로 사항을 반영하여 안드로이드 폰에서는 음악다운 앱을 설치하면 듣고 싶은 음악이나 강연을 무료로 다운받아 인터넷 연결이 안된 상황에서도 언제 어디서든 감상할 수 있다. 내가 좋아하는 노래를 다운받아 장르별, 가수별, 주제별로 폴더를 만들어 원하는 대로 감상할 수 있다.

음악다운 앱은 회원가입 하지 않아도 원하는 음악을 누구나 쉽게 다운받을 수 있다. 안드로이드 운영체제에서만 사용할 수 있다. 앱 사용법을 자세히 알아보자.

 음악다운 앱 다운로드하기

1. 음악다운 앱 다운로드하기
Play 스토어에서 핑크색 '음악다운' 앱을 설치하여 실행한다.

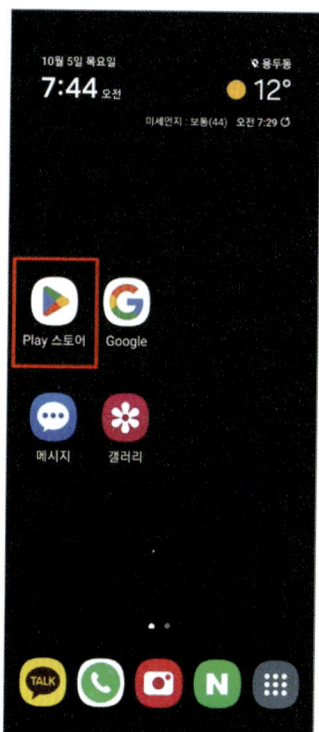  

배터리 사용량 최적화 중지, 미디어 액세스, 알림 권한을 허용한다.

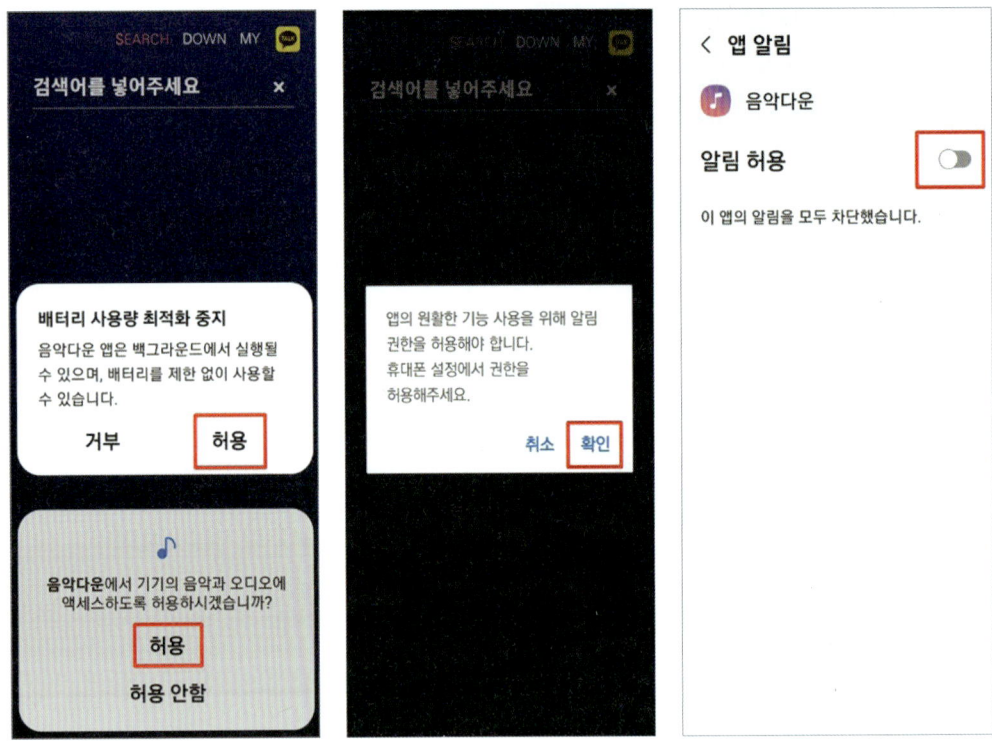

알림을 허용한 후 그리기 권한과 다른 앱 위에 표시를 허용한다. 다른 앱 위에 표시를 허용하기 위해서는 다운받은 앱의 목록 중에서 화면을 스크롤 하여 음악다운 앱을 찾아야 한다. 음악다운 앱을 활성화한 후 화면 하단의 내비게이션 바에서 홈버튼을 눌러 홈화면으로 이동한다.

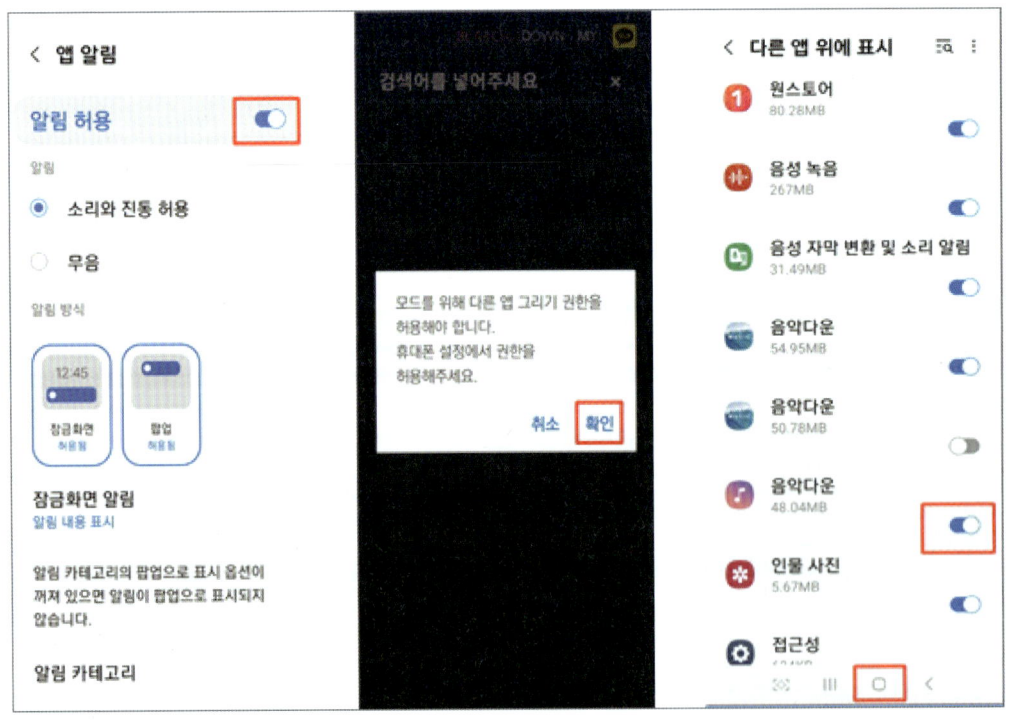

다운받은 앱 홈 화면에 추가하기

다운받은 음악다운 앱을 바로 찾아 실행하기 위해 홈 화면에 추가 설정한다. 스마트폰 기본 설정의 홈 화면에서 '홈 화면에 새 앱 추가'가 활성화되어 있으면 홈 화면의 맨 마지막 페이지에 다운받은 앱이 자동으로 추가된다. 마지막 페이지에 있는 음악다운 아이콘을 드래그해서 첫 페이지로 이동하면 된다. '홈 화면 구성 잠금'이 활성화되어 있는 경우에는 홈 화면에서 항목이 삭제되거나 이동되지 않는다.

앱을 홈 화면에 추가하는 방법을 알아보자. 다운받은 모든 앱이 있는 앱 화면으로 이동한다. 화면 아랫부분을 위로 스크롤 하거나 하단 바의 오른쪽 끝에 있는 앱 버튼을 클릭한다.

스마트폰 기본 설정의 홈 화면 창에 '홈 화면에 앱 버튼 추가'가 비활성화 되어있으면 앱 추가 버튼이 보이지 않는다. 상단의 검색창에 '음악다운'을 입력하면 좀 전에 다운로드한 음악다운 앱 아이콘이 보인다. 음악다운 아이콘을 길게 눌러 팝업창이 뜨면 '홈에 추가'를 터치한다.

 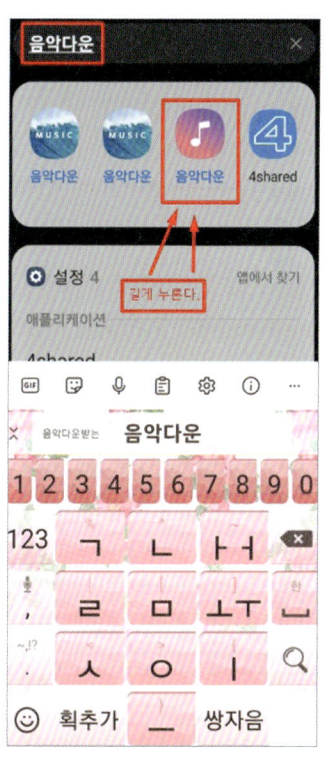 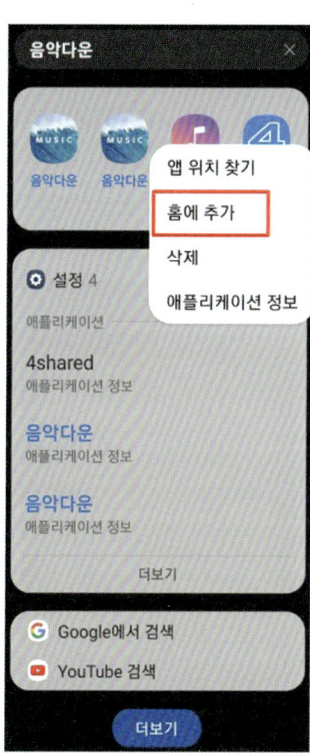

홈 화면의 마지막 페이지에 있는 음악다운 아이콘을 드래그하여 첫 화면으로 이동한다. 음악다운 앱을 터치하여 실행한다. 검색창에 다운받고 싶은 음악 제목이나 가수 이름을 입력하여 검색한다.

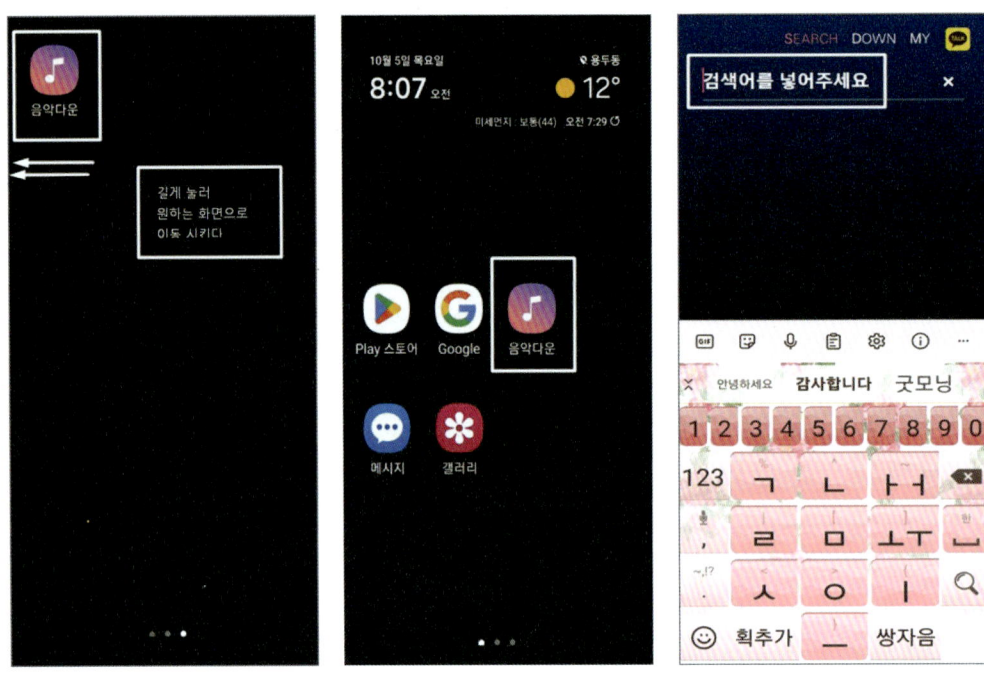

제목의 일부만 입력해도 연관 검색어가 나온다. 여기서는 '탑 오브 더 월드' 노래를 다운받아 보겠다. 노래 제목을 입력하고 검색하여 노래 제목을 터치하면 수많은 노래가 나온다. 각각의 제목 아래에 있는 시간을 확인하고 플레이 버튼을 눌러 검색한 노래가 맞는지 확인한다. 확인 후 구름 모양 버튼을 터치하면 바로 다운로드 된다.

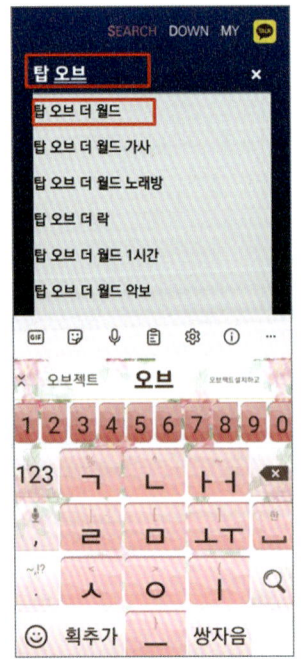 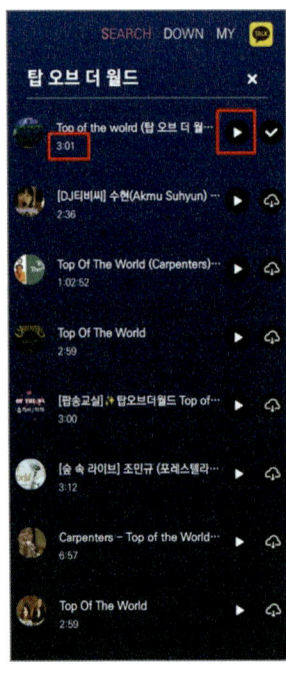 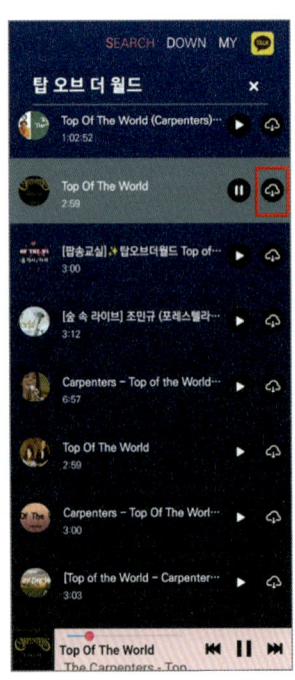

다운로드가 완료되면 구름 모양이 ✓모양의 아이콘으로 바뀐다. 이렇게 다운로드된 음악은 '삼성 뮤직'이나 '내 음악' 앱에 들어가 있다. 혹시 삼성 뮤직이나 내 음악 앱이 없다면 play 스토어에서 다운받으면 된다. 삼성 뮤직에서 방금 다운받은 음악을 찾아보자. 삼성 뮤직 앱을 실행한다.

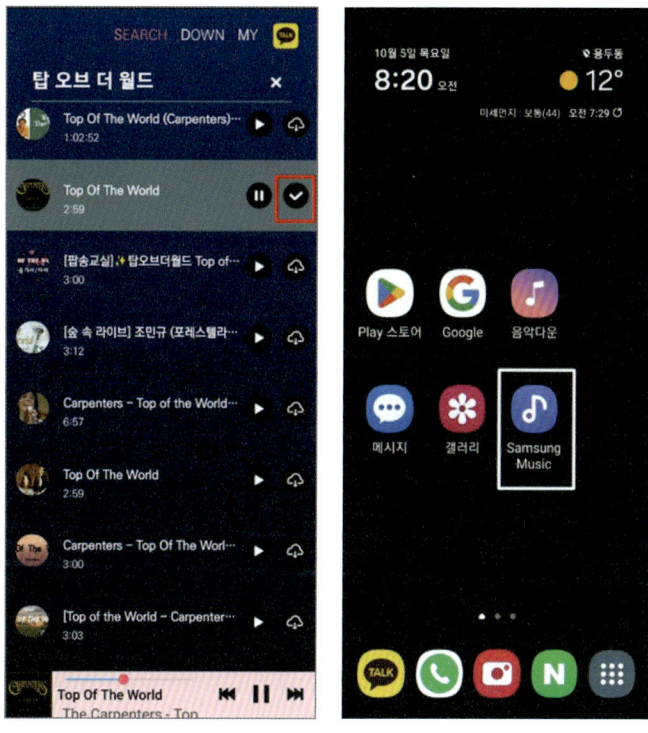

'마이 뮤직'/'플레이리스트'/'최근에 추가한 곡'을 터치하면 맨 위에 다운받은 음악 제목이 있고, 터치하여 플레이하면 음악을 감상할 수 있다.

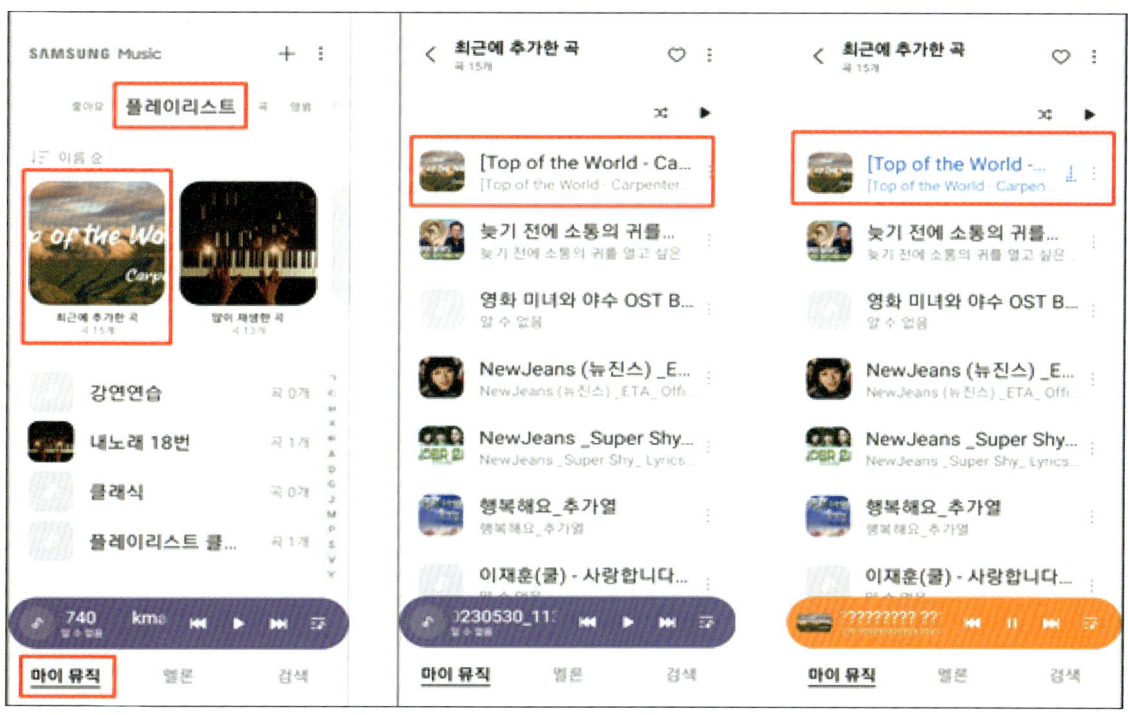

PART2 무료로 음악 다운받기

이번엔 유명한 강사의 강연을 내려받아 보자. 음악뿐 아니라 MP3로 되어있는 파일은 다운로드가 가능하다. 음악다운 앱을 실행하고 검색창에 유명 강사 '김창옥'을 입력 후 검색을 해 보자. 순식간에 다운로드 된다.

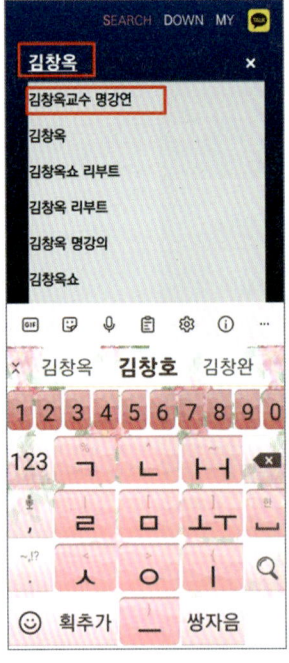  

삼성뮤직 앱을 실행하면 마이뮤직의 플레이리스트의 최근에 추가한 곡에 다운받은 김창옥 강사의 강연이 들어가 있다. 다운받은 음악이나 강연을 주제별로 폴더를 만들어 구분해 보자. 여기서는 강연이라는 제목의 폴더를 만들어 보겠다. 화면 오른쪽 상단의 '+'를 터치하여 플레이리스트의 제목을 정한 후 '추가'를 입력한다.

'강연'이라는 폴더에 넣을 파일을 선택한 후 화면 상단의 '완료'를 터치한다. '강연'이라는 폴더가 만들어졌고, 그 안에 선택했던 강연들이 들어가 있다.

음악다운 앱에서는 강사의 강연뿐 아니라 특정 키워드를 입력하면 관련 노래를 내려받을 수 있다. 단 제목 하단의 시간을 확인하고 다운받도록 한다. 1시간이 넘는 긴 노래모음 곡을 다운받으면 그만큼 저장공간을 차지하게 되므로 주의한다.

 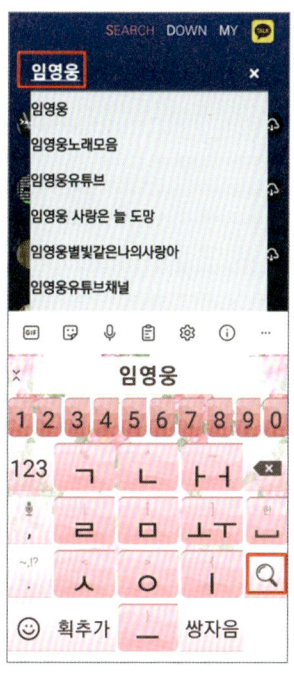 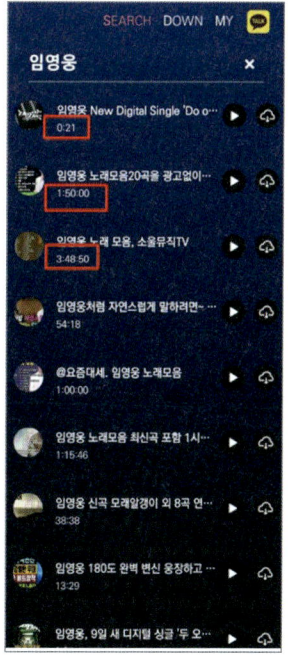

내가 좋아하는 음악으로 휴대폰 벨소리 설정하기

음악다운 앱에서 다운받은 음악을 휴대폰 벨소리로 지정해 보자. 휴대폰 설정으로 들어가서 '소리 및 진동'을 터치한 후 '벨소리'를 선택하면 현재 지정된 음악을 알 수 있다.

오른쪽 상단의 '+'를 선택하면 현재 다운로드된 음악 목록이 나온다. 벨소리로 지정하고 싶은 음악을 선택한다.

상단의 '선택된 하이라이트만 재생'을 활성화 하면 선택한 곡의 하이라이트 부분이 벨소리로 지정된다. 비활성화 하면 선택한 곡의 시작 부분이 벨소리로 울리게 된다.

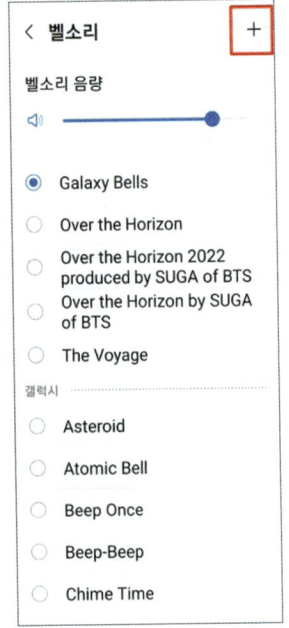 

특정인의 벨소리를 다운로드한 음악으로 설정하기

주소록에 저장된 특정 기관이나 사람을 내가 좋아하는 벨소리로 지정하면 전화벨 소리만 들어도 어디에서 전화가 왔는지 한 번에 알 수 있다. 설정하는 방법을 알아보자.

주소록 앱을 선택하여 연락처로 들어간 후, 벨소리를 지정하고 싶은 연락처를 선택한다. 오른쪽 하단의 더보기를 터치한다.

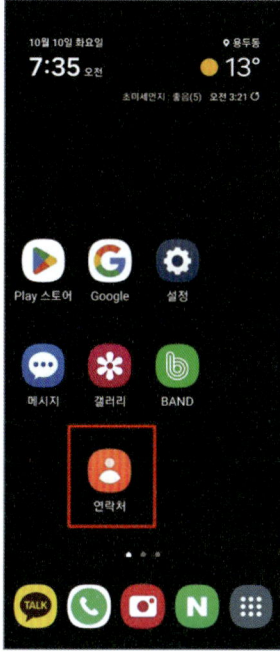  

팝업창이 나오면 '벨소리/진동'을 선택한 후 '벨소리'를 터치한다.
벨소리 화면에서 오른쪽 상단의 '+'를 터치한다.

 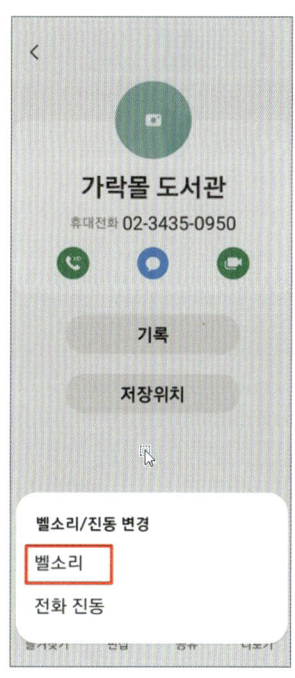 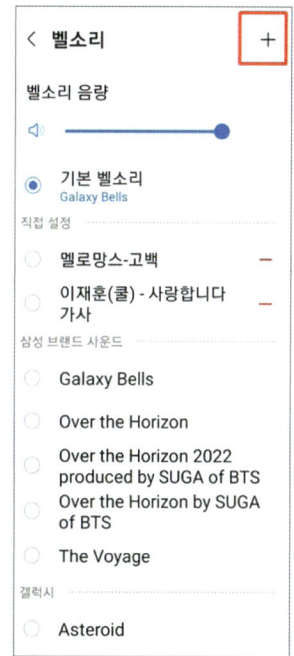

벨소리로 지정하고 싶은 음악을 선택한 후 오른쪽 상단의 '완료'를 터치한다. 내비게이션 바의 뒤로가기 '〈'를 터치하면 방금 선택한 곡이 활성화되어 있고, 한 번 더 뒤로가기를 터치하면 가락몰 도서관의 벨소리가 '행복해요'로 설정된 것을 알 수 있다.

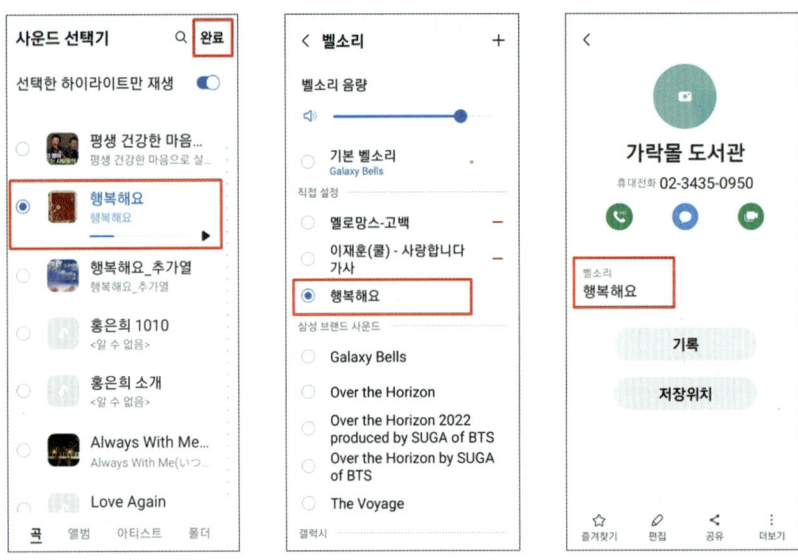

이제부터 전화벨이 울리면 처음에 정한 'Top of the World' 음악 소리가 들리지만, 가락몰 도서관에서 전화가 걸려 올 때는 '행복해요' 노래가 연주된다.

휴대전화 알람음을 내 음악으로 설정하기

아침 기상 알람음이나 특정 알람음도 내가 원하는 음악으로 설정할 수 있다. 음악다운 앱에서 내가 원하는 음악을 내려받은 후 알람을 설정한다.

시계를 선택한 후 알람 시간을 설정한다. 시계 앱에 들어가서 가운데 '+'를 선택하여 시간을 설정한다. 매일 일정 시간에 울리도록 할 수도 있고 달력 모양 아이콘을 터치하면 원하는 날짜를 원터치로 선택하여 설정할 수 있다.

매일 아침 6시에 알람이 울리도록 설정한 후 중간의 '알람 이름'을 선택하여 원하는 이름을 정하면 정한 이름대로 알람이 설정된다. 여기서는 '아침 기상'이라고 입력한 후 '저장'을 터치한다.

 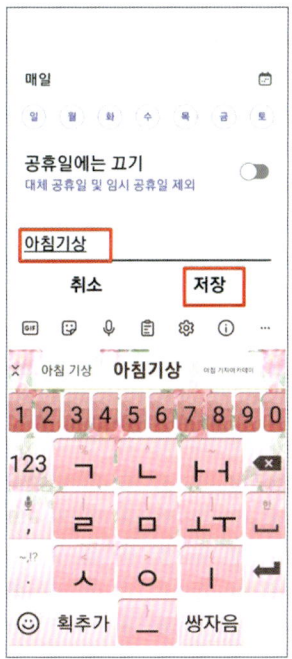 

이번에는 알람음을 설정해 보자. 중간의 '알람음'을 터치하여 '벨소리'를 선택한 후 오른쪽 상단 '+'를 터치한다. 뒤로 가기를 누른 후 '저장'을 터치하면 '오전 6시'에 '아침 기상'이라는 알람음이 '행복해요'라는 노래로 선택된 것을 알 수 있다.

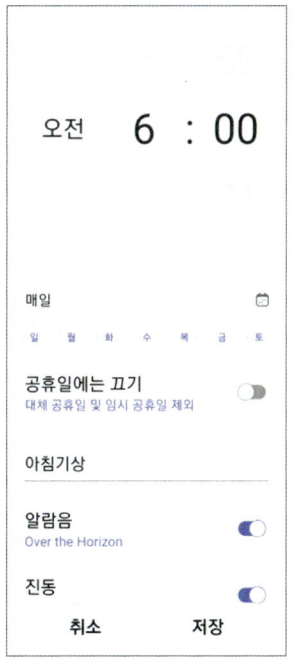 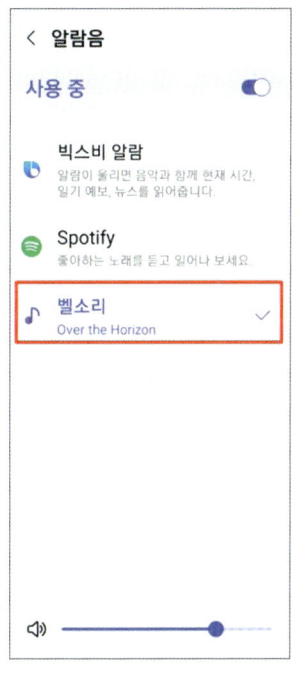 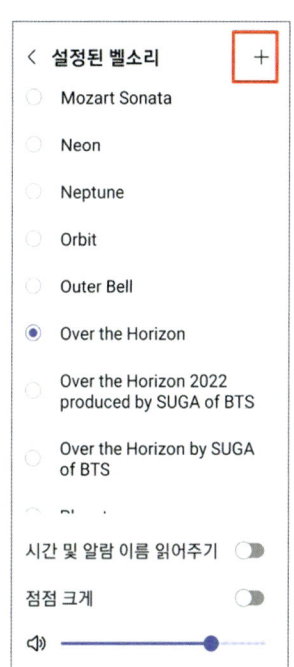

PART2 무료로 음악 다운받기 39

다운받아 저장된 음악의 목록이 나온다. 알람음으로 하고 싶은 음악을 선택한 후 오른쪽 상단의 '완료'를 터치한 후 하단 내비게이션 바의 뒤로가기를 터치한다. 여기서도 하이라이트 부분만 나오도록 설정한다. 벨소리가 설정된다.

 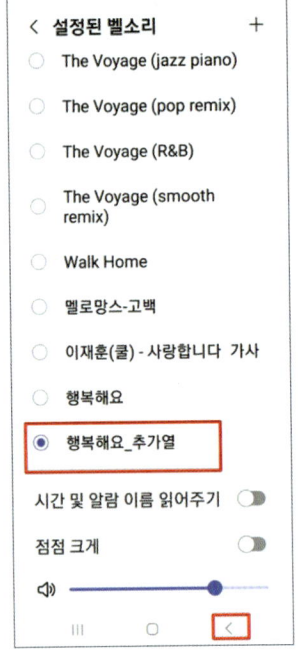 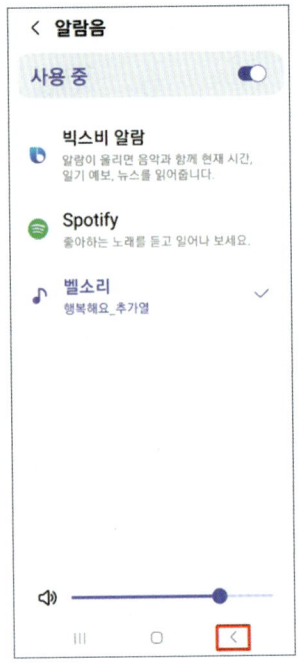

뒤로가기를 누른 후 '저장'을 터치하면 '오전 6시'에 '아침기상'이라는 알람음이 '행복해요'라는 노래로 선택된 것을 알 수 있다.

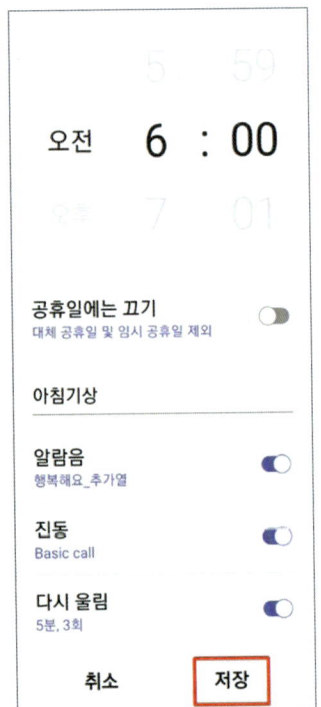 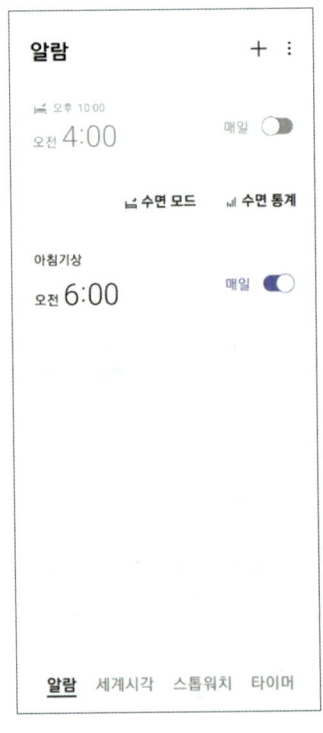

스마트폰에서 내가 원하는 음악이나 강연을 무료로 다운받아 언제 어디서든 들을 수 있는 방법과 벨소리나 알람 휴대폰의 벨소리나 알람음으로 설정하는 방법을 알아보았다. 발표된 지 오래된 곡이든 최신곡이든 상관없이 다운받아 주제별로 혹은 내가 좋아하는 곡만 따로 모아 저장해서 원하는 대로 감상할 수 있다.

더욱이 특정 주제의 강연이나 강사 혹은 가수 이름을 입력하면 관련 내용을 찾아 감상할 수 있을 뿐 아니라 나만의 폴더에 저장해 두면 직접 삭제할 때까지 두고두고 감상할 수 있다.

스마트폰 활용법 강의는 수강생들에게 늘 인기있는 커리큘럼 중 하나이다. 음악다운 앱을 잘 활용하여 바쁜 일상에서 잠깐이라도 힐링할 수 있는 시간을 갖기 바란다.

PART 3

길치도 스마트폰 하나로
쉽게 찾아가는 네이버 지도 길찾기

유 경 숙

스마트폰 활용 지도사로서 세대 간 디지털 소통을 위해 노력하고 있다. 한국열린사이버대학교 인공지능융합학과에 재학 중이다. 디지털역량강화를 위한 인공지능 활용법에 대해 연구 중이며 ChatGPT에 관련한 책도 집필 중이다.

■ 자격 및 수상
스마트폰 활용 지도사 1급
창원 참글문학회 회원
창원 참글문학회 18호까지 시부문 참여
그대라는 놀라운 기적 15인 공저

■ SNS채널
블로그 https://m.blog.naver.com/ace5526
이메일 ace5526@naver.com

CONTENTS

네이버 길찾기의 개요 45
대중교통 및 자가운전으로 길 찾기 46
도보 및 자전거로 길 찾기 53

 네이버 길찾기의 개요

네이버 지도(Naver Map)는 네이버에서 제공하는 지도 서비스이다. 2004년 10월에 출시되어 현재는 국내에서 가장 많이 사용되는 지도 서비스 중 하나이다. 네이버 지도에는 다양한 기능이 제공되며, 그중 일부는 다음과 같다.

① 다운로드 : 플레이스토어에서 네이버 지도 앱을 다운로드한다.
② 주소 검색 : 주소나 건물명 또는 업소명을 입력하여 위치를 찾을 수 있다.
③ 장소 검색 : 장소나 업소명을 입력하여 위치를 찾을 수 있다.
④ 길 찾기 : 출발지와 목적지를 입력하여 길을 찾을 수 있다.
⑤ 경로 미리보기 : 장소를 검색한 후 어떻게 갈 것인지 경로 미리보기를 클릭하면 한눈에 알아볼 수 있다.
⑥ 실시간 교통정보 : 실시간 교통정보를 제공하여 최적의 경로를 찾을 수 있다.
⑦ 360도 파노라마 : 360도 파노라마를 제공하여 물방울 모양 핀을 터치하면 위치를 360도로 자세히 둘러볼 수 있다.
⑧ 내 주변 : 내 주변에 있는 장소를 손가락으로 밀면서 찾을 수 있다.
⑨ 즐겨찾기 : 자주 찾는 장소를 즐겨찾기에 추가할 수 있다.
⑩ 고정하기 : 자주 가는 장소라면 오른쪽 상단에 위치한 압정 모양을 클릭해서 고정할 수 있다.
⑪ 지도 공유 : 지도 정보를 다른 사람과 공유할 수 있다. 이처럼 네이버 지도의 다양한 기능을 통해 목적지까지 빠르고 쉽게 찾아갈 수 있다.

■쉽게 사용하는 팁
네이버 지도를 쉽게 사용하려면 다음과 같은 팁을 참고한다.
① 출발지와 목적지를 정확하게 입력한다.
② 목적지가 여러 개일 경우, 목적지 목록을 생성한다.
③ 목적지까지의 거리와 소요 시간을 확인한다.
④ 또는 길 안내를 마이크 모양을 클릭하고 음성으로 들려준다.
⑤ 길 안내를 미리 저장한다.
⑥ 길 안내를 친구와 공유한다.
⑦ 목적지 검색 후 수화기 모양을 클릭하여 전화를 걸 수 있다.

네이버가 제공하는 여러 기능 중에서 특히 네이버 지도에서는 [출발]-[도착] 기능이 함께 제공되기 때문에 길을 찾고, 시간을 계산하는 데 도움을 받을 수 있다.

대중교통 및 자가운전으로 길찾기

대중교통 이용 시 대중교통까지 걸어가는 길과 도착 시간, 환승까지 걸어가는 시간을 알 수 있다. 또한, 환승 할 교통수단과 도착 시간, 도착역까지 걸리는 시간과 도착 시각, 목적지까지 걸어가는 길과 시간을 상세하게 알려준다. 출발지의 거리뷰, 도착지의 상세 보기뿐만 아니라 대중교통 시간표까지 상세한 정보를 얻을 수 있다.

■사용법

네이버 지도를 사용하려면 먼저, 스마트폰의 플레이스토어나 앱스토어에서 네이버 지도 앱을 다운로드 한다. 웹사이트에서 네이버 지도를 사용하려면, 출발지와 목적지를 입력하고 '길 찾기' 버튼을 클릭한다.

네이버 지도는 자동차, 대중교통, 도보, 자전거 등 다양한 방법으로 목적지까지 길을 안내한다. 또한, 실시간 교통정보를 제공하여 최적의 경로를 찾을 수 있다. 플레이스토어나 앱스토어에서 네이버 지도 앱을 다운로드한 후 알림을 허용한다.

 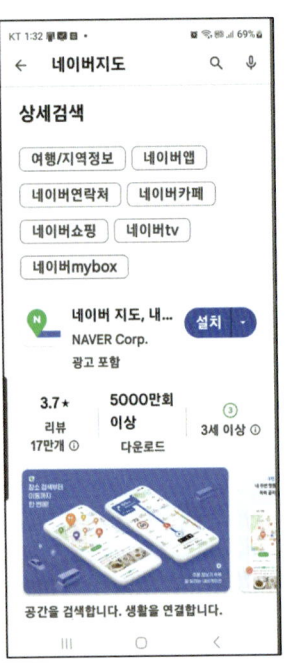 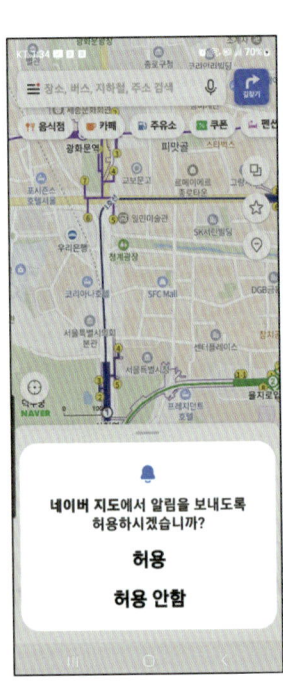

① 공덕역 9번 출구에서 노원50플러스센터를 찾아가 보자. 검색창에 '공덕역 9번 출구'를 입력한 후 추천 검색어를 터치하면 공덕역 주변 지도가 나타난다.
② 오른쪽 하단의 '출발'을 터치한 후 '도착지 입력' 란에 '노원50플러스센터'를 입력한 후 추천 검색어를 터치한다.

  대중교통, 자가용, 도보, 자전거가 나오는데 가장 먼저 일반적인 대중교통을 추천해 준다. 대중교통으로 찾아가 보자. 버스를 이용할 것 인지, 지하철을 이용할 것 인지 선택이 가능하다. 경로를 선택한 후 중간선의 회색 바를 스크롤 해서 끌어 올리면 자세한 경로가 눈에 들어온다.

 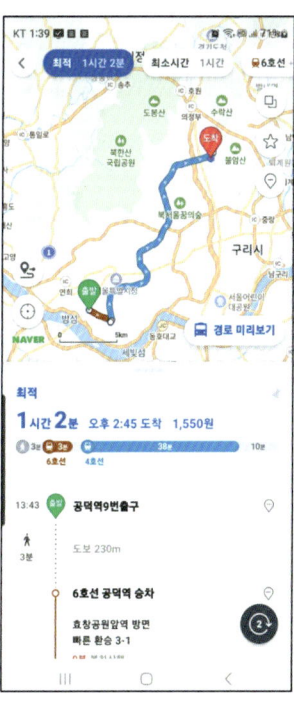 

  손수 운전하거나 택시를 타고 갈 때, 도착지를 기사님이 모르시거나 내비게이션 타이핑이 서툰 기사님이라면, 나의 네이버 지도 길 찾기는 내비게이션으로 변경된다. 택시요금과 통행료까지 자세히 계산해 준다.

  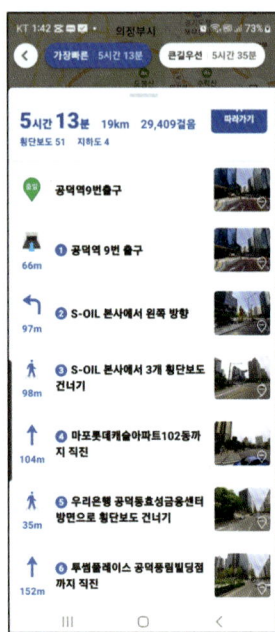

무리지만 혹시 5시간 이상 도보로 길 찾기를 한다고 해도 아주 상세한 안내를 아끼지 않는다.

 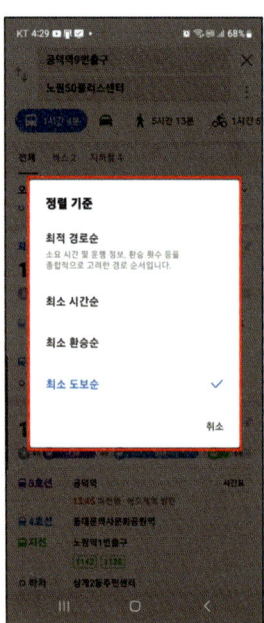 

우측 최소 도보 순의 ∨를 클릭하면 최소 시간순, 최소 환승 순, 최소 도보 순 3가지 중 선택해서 사용할 수 있다.

공덕역은 4개의 노선이 환승할 수 있는 환승역이다. 6호선을 타고 삼각지역에서 4호선으로 환승하거나, 5호선을 타고 동대문역사 공원 역에서 4호선으로 환승해서 상계역에서 하차한다.

하차 후에는 길 찾기를 도보로 변경한 다음 내비게이션을 적용하면 내가 움직이는 대로 위치 표시가 따라온다.

도착지 우측 점 3개 누르면 저장과 공유하기를 선택할 수 있다. 공유하기를 선택하면 친구에게 모임 장소를 공유할 수 있다.

AI가 적용되면서 더욱 자세하게 실시간으로 적용이 된다.

또한 다양한 지도 기능이 있다. 지도를 확대하고 움직이다 보면, CCTV는 물론 도로 위의 사고, 통제 정보까지 볼 수 있고 스크롤하여 화면을 아래로 내리면 구간별 세부 교통 정보를 확인할 수 있다.

홈 화면 오른쪽 위에 있는 지도 설정 버튼을 누르면 위성지도로 변환하거나 CCTV 아이콘을 끄고 켤 수 있다. 지도상에 표시된 정체 정보를 직접 눌러 도로를 선택하거나 검색창을 눌러 도로 목록에서 원하는 도로를 선택해 본다.

PC에서 네이버 길 찾기를 해 보자. PC에서 네이버 지도로 들어가면 좌측에는 지도 홈, 길 찾기, 버스, 지하철, 기차, 저장, 더보기 기능이 있다. 네이버 로그인 상태라면 아이디 주인을 위한 오늘의 PICK 추천도 뜬다. 우측 화면에는 큰 지도를 확인할 수 있다.

주문, 편의점, 마트, 헤어샵, 더보기(…) 기능이 있다. 지도는 일반지도, 위성지도, 지형지도 크게 3가지로 찾아볼 수 있다.

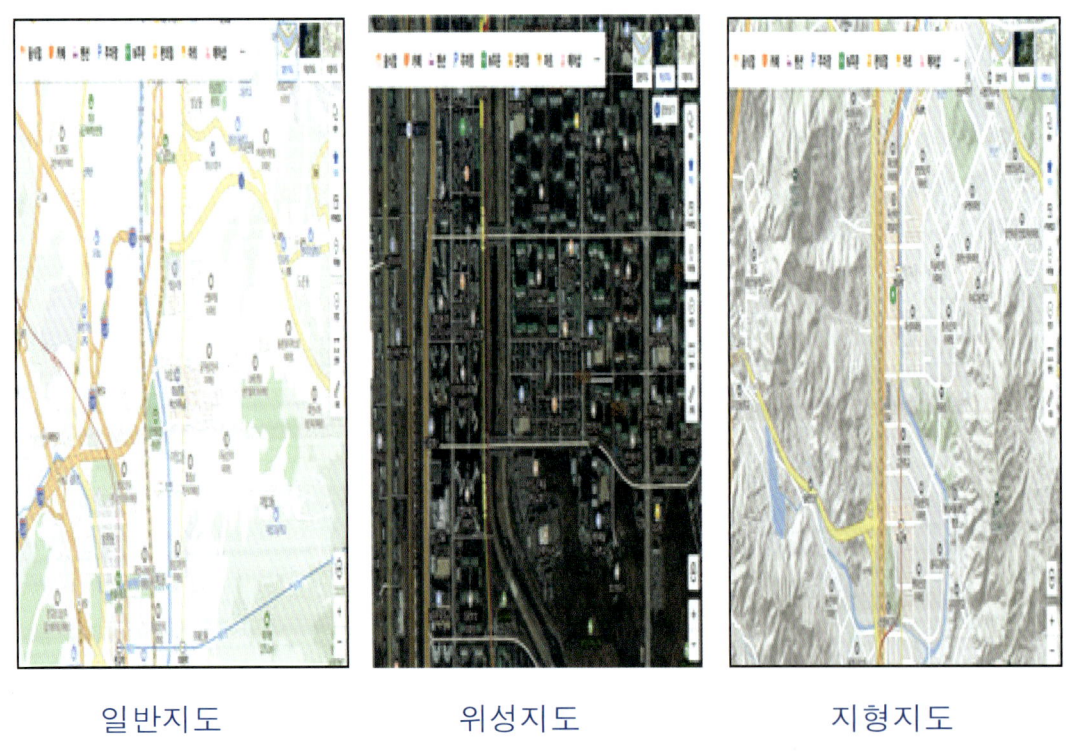

일반지도   위성지도   지형지도

네이버 지도 검색창에 내가 찾고 싶은 지명을 입력하고 엔터키를 누르면 출발-도착 메뉴가 포함된 지명정보를 확인할 수 있다. '대중교통으로 경복궁 옆 국립고궁박물관 찾아가기'를 해보자.

　국립고궁박물관을 방문하려고 한다면 운영 시작 시각과 종료 시각까지 확인할 수 있다. 이 화면을 캡처한 시간이 저녁 11시이기 때문에 이때는 운영을 종료했기 때문에 [운영종료]라고 표시되고 있다. 네이버 AI가 운영시간까지 실시간으로 적용해서 알려주고 있다.

　주소 끝에 ∧ 표시를 누르면 도로명과 지번 주소가 나타나고 그것을 복사할 수 있는 화면이 뜬다. [복사] 버튼을 눌러 친구의 카톡이나 문자에 붙여 넣어주면 그 주소지의 링크가 그대로 복사되어서 전달된다. 전달받은 친구는 카톡의 링크를 누르고 도착 장소로 찾아올 수 있다.

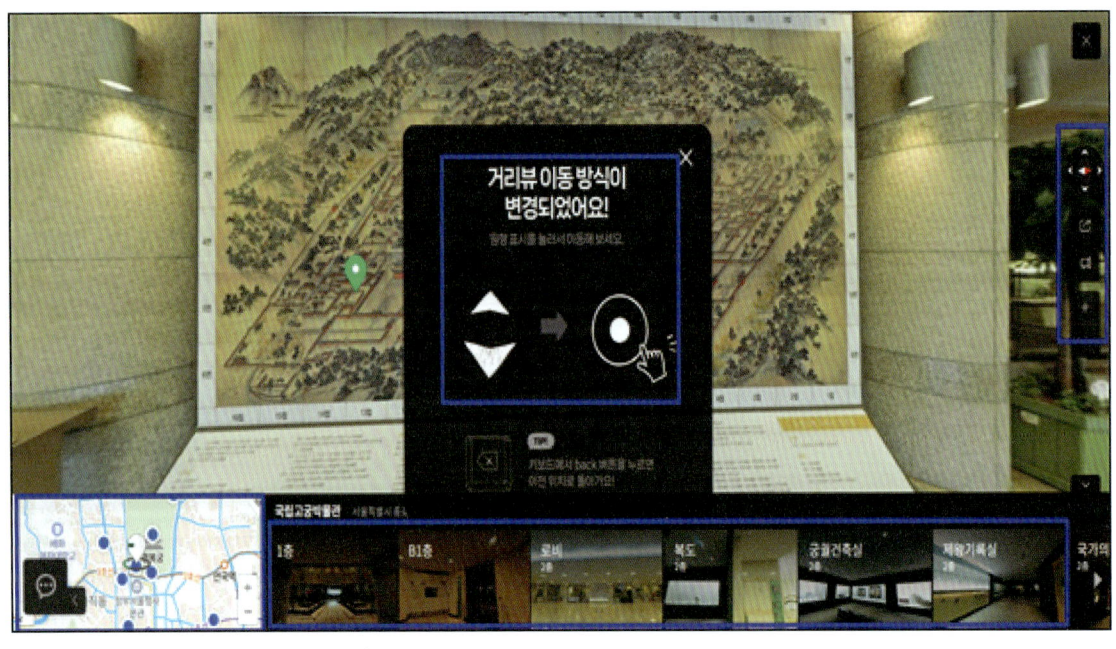

도착 옆 거리뷰 핀을 터치하면 도넛 모양의 거리뷰 이동 핀이 나온다. 터치할 때마다 앞으로 나아간다. 360도 회전을 누르면 돌려가며 보여준다.

[출발] 혹은 [도착]을 누르면 아래 화면이 보인다. 목적지와 출발지를 기준으로 대중교통(버스), 지하철, 자동차, 도보, 자전거로 이동하는 노선도와 거리, 시간 등이 표기된다.

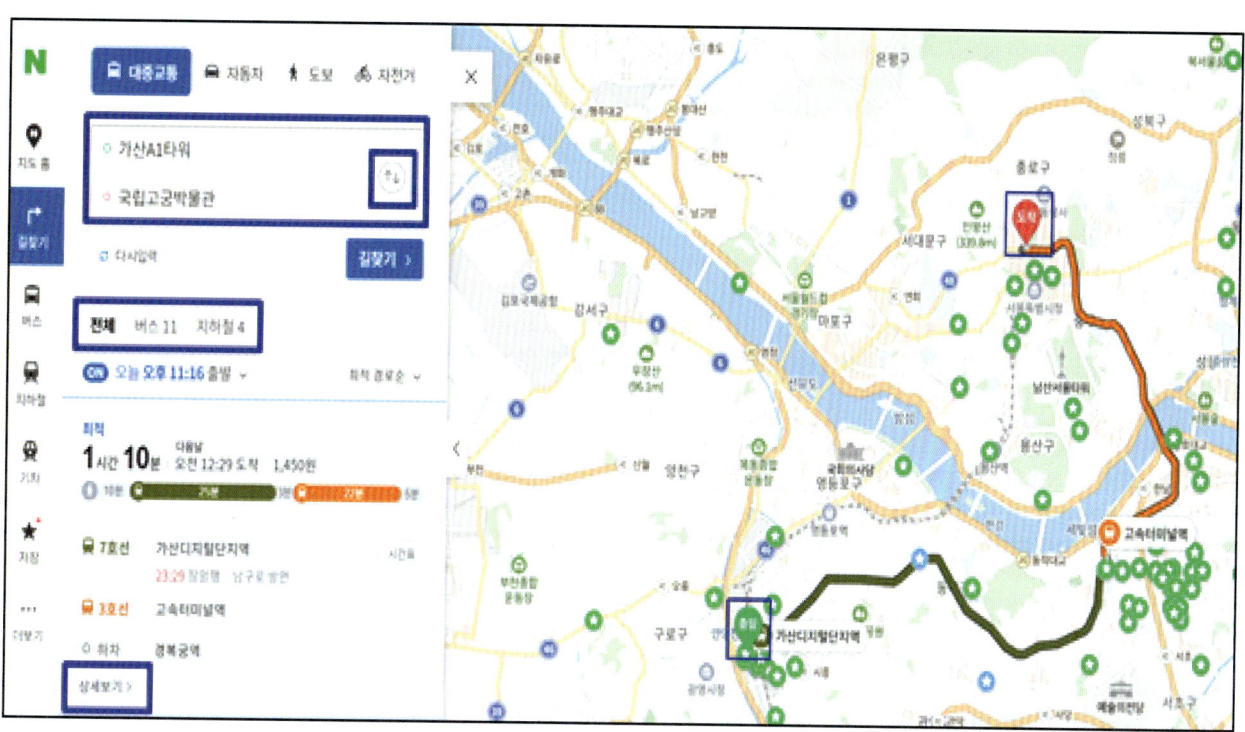

 도보 및 자전거로 길찾기

네이버 지도의 도보 길 찾기 기능은 출발지와 목적지를 입력하면 네이버 지도에서 최적의 도보 경로를 찾아 안내해 준다. 도보 길 찾기 기능을 사용하면 목적지까지 빠르고 쉽게 걸어갈 수 있다.

'신촌역에서 방탄소년단 숲까지 자전거로 가는 길'을 알아보자. 방탄소년단 숲은 서울 마포구 상수동에 위치한 공원이다.

방탄소년단의 팬들이 기부한 나무들이 심어져 있어 방탄소년단 숲이라는 이름이 붙여졌다. 방탄소년단 숲은 방탄소년단의 팬들에게는 성지와 같은 곳으로 자주 찾는 명소이다.

　신촌역에서 방탄소년단 숲까지 자전거로 가는 길의 총길이는 약 3km이다. 신촌역에서 자전거를 타고 한강공원을 따라가면 방탄소년단 숲에 도착한다.

　자전거가 없어도 간단하게 자전거 하이킹을 즐길 수 있다. 자전거를 대여하는 방법이 있다.

①신촌역 5번 출구로 나온다.
②신촌로를 따라 서쪽으로 [도보 길 찾기]를 이용해서 걸어간다.
③신촌로와 한강로가 만나는 지점에서 우회전한다.
④한강로를 따라 남쪽으로 걸어간다.
⑤한강공원 자전거대여소 입구에 도착한다.
⑥자전거를 대여 후 지도 앱을 [자전거로 길찾기]로 바꾸어서 자전거를 타고 방탄소년단 숲 방향으로 가면 된다.

여의도 한강공원자전거 대여

■**신촌역에서 방탄소년단 숲까지 자전거로 가는 길의 특징**

신촌역에서 한강공원까지는 평평한 지형으로 이루어져 있어 자전거를 타기 쉽다.

한강공원에는 다양한 볼거리와 즐길 거리가 많아 자전거 하이킹을 하면서도 즐거운 시간을 보낼 수 있다.

방탄소년단 숲은 방탄소년단의 팬들에게 성지와 같은 곳으로 자주 찾는 명소이다.

■**신촌역에서 방탄소년단 숲까지 자전거로 가는 길의 주의 사항**

①자전거를 타기 전에 안전 점검을 반드시 한다.

②자전거 헬멧을 착용하고 물과 간식을 준비한다.

③신호등을 지키고 보행자를 배려한다.

④과속은 금물이다.

■ **방탄소년단 숲에서 즐길 수 있는 활동**
① 방탄소년단의 노래를 들으며 자전거를 타고 공원을 둘러보자.
② 방탄소년단의 나무에 메시지를 남겨보자.
③ 방탄소년단의 뮤직비디오를 촬영하는 것도 좋다.

■ **방탄소년단 숲을 방문할 때 꼭 알아두자**
① 방탄소년단 숲은 방탄소년단의 팬들이 기부한 나무들이 심어져 있는 공원이다. 따라서, 방탄소년단의 팬들이 아닌 분들이 방문하실 때는 조심스럽게 방문한다.
② 방탄소년단 숲은 자전거 전용도로가 따로 마련되어 있지 않다. 자전거를 타고 방문하실 때는 보행자와 차량을 특별히 배려하면서 즐긴다.
③ 방탄소년단 숲은 방탄소년단의 팬들뿐만 아니라 일반인들도 즐길 수 있는 공원이다. 신촌역에서 자전거를 타고 방탄소년단 숲에 방문하여 즐거운 시간 보낸다.

네이버 길찾기에 대해 자세히 알아보았다. 네이버 지도를 사용하면 목적지까지 빠르고 쉽게 찾아갈 수 있다. 일상에서 잘 활용하기 바란다.

Part 4

초보자를 위한 인스타그램 비즈니스 홍보와 수익창출

정 마 리 아

컴퓨터와 디지털역량 강화에 관심을 가지고, (주)씨테크놀로지 이사로 활동하며 변화하는 기술 트렌드를 파악하고 있다. 최근에는 SNS를 통해 IT와 컴퓨터 관련 정보를 공유하고 다양한 기술 트렌드에 대한 생각과 경험을 나누는 데에 힘쓰고 있다.

■ 자격
장애인인식개선전문가1급 (보건복지부/한국직업능력검정협회)
환경관리전문가1급 (환경부/ 한국직업능력검정협회)
안전관리사1급 (행정안전부/ 한국직업능력검정협회)
안전교육지도사1급 (행정안전부/ 한국직업능력검정협회)
시니어 스마트폰 활용지도사 (익어가다/ 시니어특성화 맞춤프로그램연구소)

■ 경력
현) 쇼셜미디어 강사
현) 스마트폰 활용지도사
현) AFPK 재무설계사
현) C-Technology이사

■ 출간 이력
그대라는 놀라운기적(공동작가)(행복한북창고)

■ SNS채널
이메일 dbpromise@naver.com

CONTENTS

인스타그램 개요	61
인스타그램 계정 만들기	61
인스타그램으로 비즈니스 홍보하기	66
인스타그램으로 수익을 창출하는 방법	67

 ## 인스타그램의 개요

　인스타그램은 전 세계적으로 사용되는 인기 있는 플랫폼이다. 2010년 스탠퍼드대 선후배인 케빈 시스트롬과 마이크 크리거가 개발했다. 인스턴트와 텔레그램의 합성어의 인스타그램이다. 세상의 순간들을 사진이나 동영상으로 공유하고 소통할 수 있는 쇼셜미디어 플랫폼이다.

　인스타그램은 전 세계적으로 약 10억 명의 사용자가 있으며 한국에서는 약 1,500만 명의 사용자가 있다. 인스타그램에서 사진과 동영상을 공유하려면 인스타그램 계정을 만들어야 한다.

　인스타그램 계정을 만든 후에는 사진과 동영상을 찍고, 필터와 스티커를 추가하고, 해시태그를 사용하여 공유할 수 있다. 인스타그램에서 친구를 팔로우하면 친구의 사진과 동영상을 볼 수 있다. 또한, 친구에게 직접 메시지를 보내거나 댓글을 달 수 있다.

　인스타그램은 비즈니스 홍보에 사용할 수 있다. 인스타그램에서 비즈니스 계정을 만들고 제품이나 서비스에 대한 사진과 동영상을 공유할 수 있다. 또한, 인스타그램 광고를 사용하여 비즈니스를 홍보할 수 있다.

 ## 인스타그램 계정 만들기

1) 플레이스토어(playstore)에서 인스타그램 앱을 찾아 설치한다.
2) 계정 만들기를 누른다.
3) 이메일 주소 또는 휴대폰 번호를 입력한다.
4) 비밀번호를 입력한다.
5) 사용자 이름을 입력한다.
6) 생년월일을 입력한다.
7) 계정 만들기를 누른다.

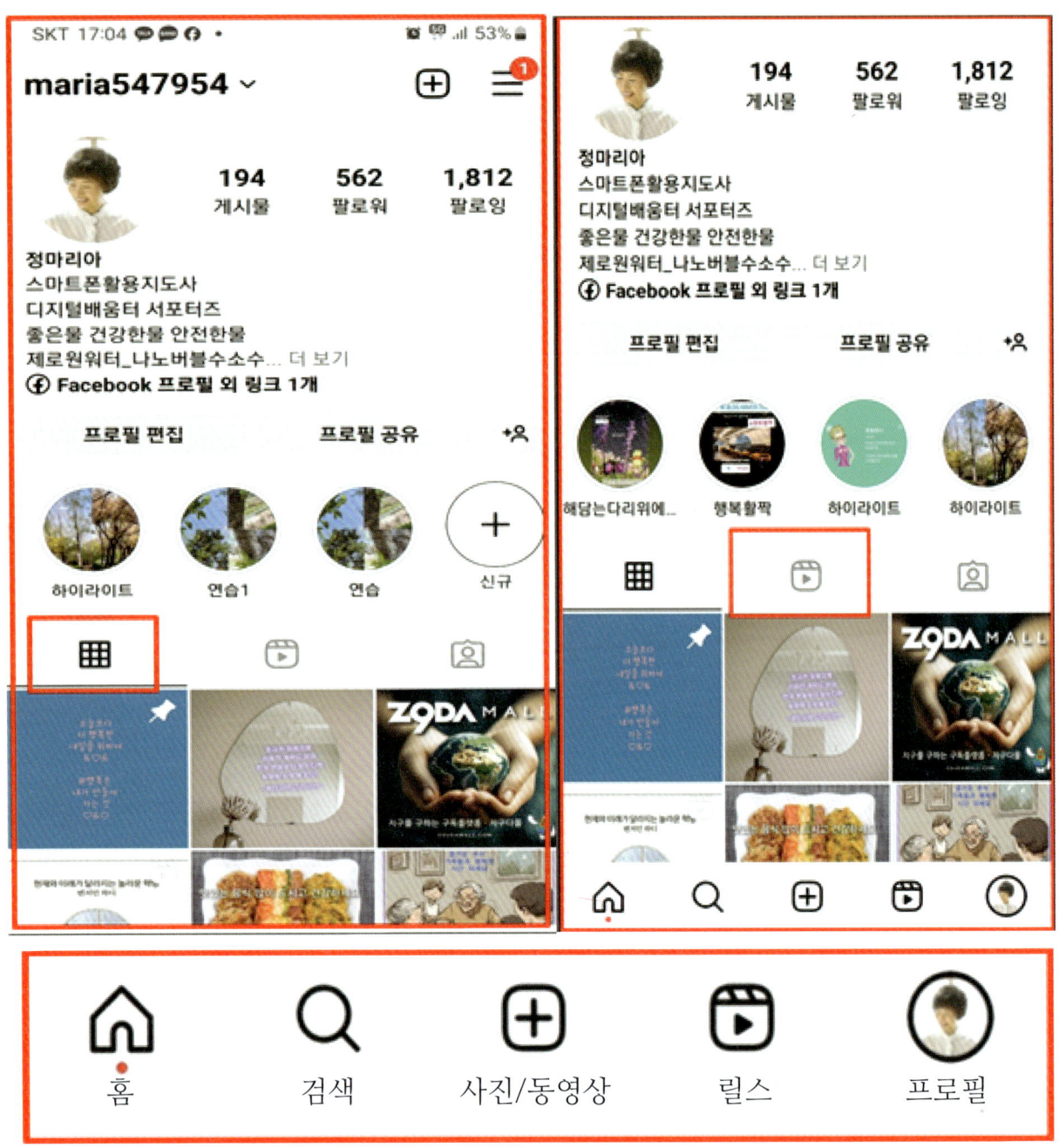

(1) 인스타그램 화면을 살펴본다.

왼쪽 바둑판 모양을 피드라고 한다. 피드는 인스타 계정의 소유자가 올린 모든 카드뉴스, 썸네일, 릴스가 보이는 곳이다. 바둑판 모양으로 나타나고 주로 이미지 형태로 제시한다.

가운데 비디오 모양은 릴스(인스타그램의 숏폼 영상)라고 부른다. 릴스는 인스타그램에서 제공하는 숏폼 영상 제작 툴이자 영상이 올라오는 곳이다. 9대 16 사이즈의 릴스 영상을 확인 할 수 있다.

*홈 : 집모양은 추천 게시물이 나온다.
*검색 : 돋보기는 검색하는 공간이다.
*사진/동영상 : 플러스는 내가 사진이나 동영상을 올리는 곳이다.
*릴스. : 15초 이하의 짧은 영상을 공유하는 곳이다.
*프로필 : 내 얼굴은 내 프로필이다. 내 정보 설정이 가능하다.

(2) 인스타그램의 용어 알아보기

*해시태그 : 게시물 내용 중 # 기호 뒤에 특정 단어를 입력하여 그 주제에 대한 글이라는 것을 표현, 음악과 관련된 글이라면 #음악 또는 #music을 입력, 검색의 편리함을 위해 도입, 특정 주제에 대한 관심과 지지를 드러내는 방식을 사용한다.
*팔로워 : 나에게 관심 있는 사람
*팔로잉 : 내가 관심 있는 사람
*맞 팔 : 서로 팔로우함
*선 팔 : 팔로우를 먼저 함
*언 팔 : 언팔로우, 팔로우를 취소

내가 올린 기본적인 게시물, 팔로워, 팔로잉을 볼 수 있다. 팔로워는 나를 따르는 사람이고, 팔로잉은 내가 따르는 사람이다.

북마크 저장 화면은 나만 볼 수 있는 기능이다. 평소에 벤치마킹하고 싶은 이웃의 영상이나 카드뉴스 등을 북마크로 지정하면 내 계정에서 언제든지 확인하고 볼 수 있다.

인스타그램 계정이 만들어지면 프로필을 설정할 수 있다. 프로필에는 사용자 이름, 사진, 소개글, 웹사이트 주소를 입력할 수 있다.

■인스타그램으로 친구와 소통하는 방법

1) 정기적으로 인스타그램을 확인한다.
2) 친구들의 사진과 동영상을 보고, 댓글을 달아준다.
3) DM을 보내서 친구들과 이야기한다.
4) 라이브 방송을 해서 친구들과 실시간으로 소통 한다.
5) 다양한 해시태그를 사용해서 친구들과 소통 한다.
6) 인스타그램에서 이벤트에 참여해서 친구들과 소통 한다.

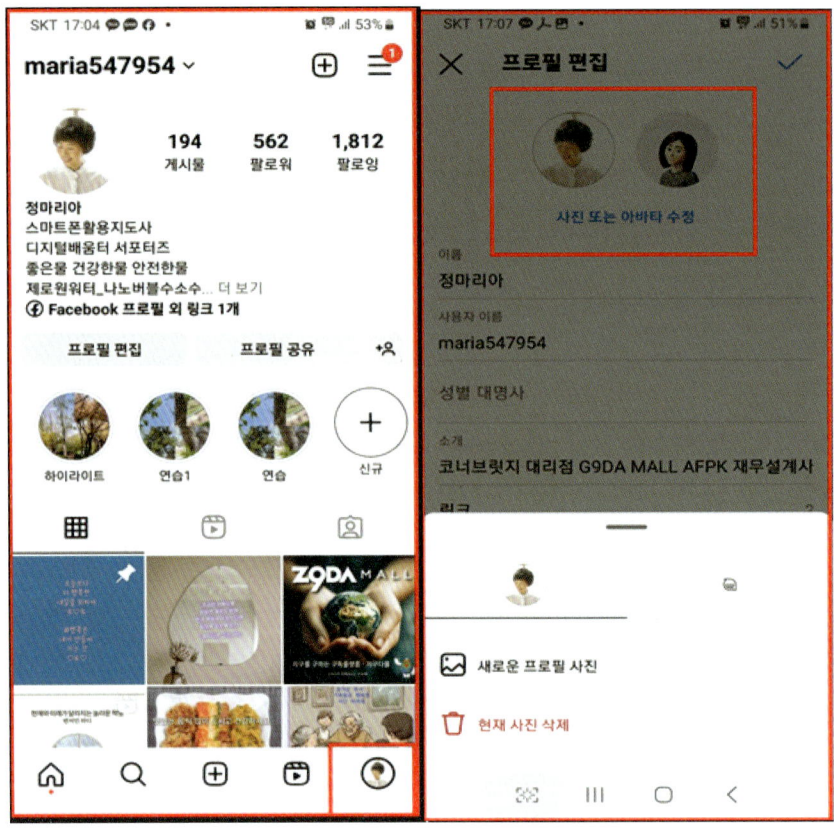

(1) 아래 왼쪽[사람]을 눌러 프로필을 수정할 수 있다.

(2) [프로필 사진 바꾸기]를 눌러 프로필 사진이나 아바타를 바꾸거나 이름, 사용자 이름 등을 수정 할 수 있다.

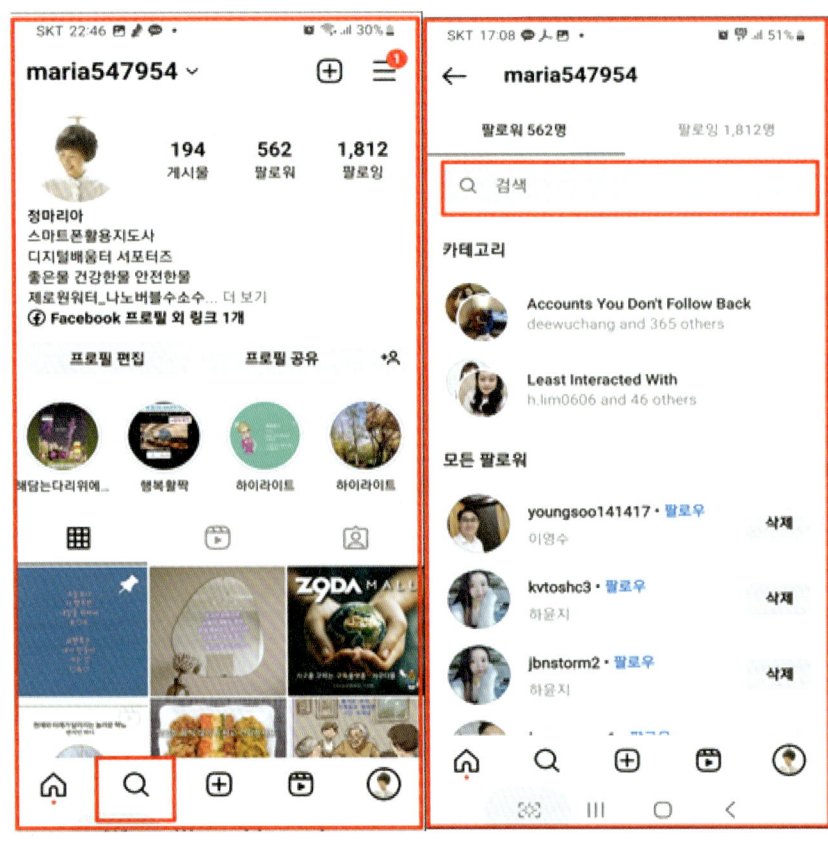

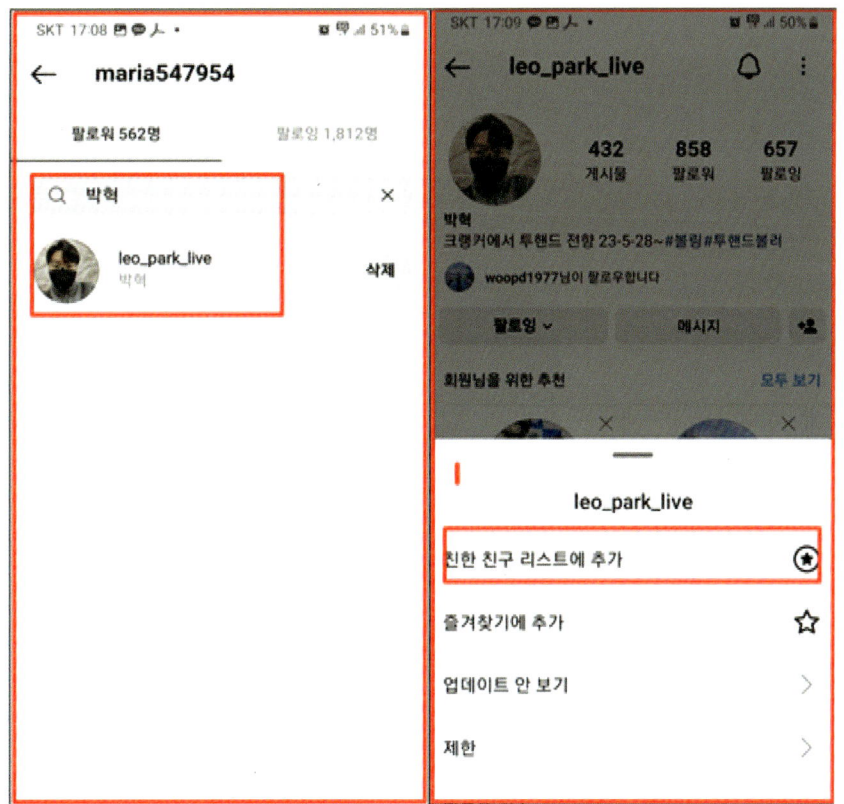

1. [돋보기] 아이콘을 누르면 검색 창이 열린다.
2. [검색창]에 찾고 싶은 친구 이름을 입력한 후 [검색]을 누른다.
3. [팔로우]하고 싶은 이름을 선택 후 [팔로우]를 누른다.
4. [팔로우] 아이콘이 [팔로잉]으로 바뀐 후 다시 클릭하면 세부 기능들이 나타난다.

인스타그램으로 비즈니스 홍보하기

인스타그램은 비즈니스 홍보에 매우 효과적인 플랫폼이다. 인스타그램은 10억 명 이상의 활성 사용자를 보유하고 있으며 이들은 다양한 관심사와 취향을 가지고 있다. 따라서, 인스타그램을 통해 비즈니스를 홍보하면 다양한 잠재 고객에게 도달할 수 있다.

1) 인스타그램으로 비즈니스를 홍보하는 방법
*비즈니스 계정을 생성한다.
*비즈니스 프로필을 설정한다.
*고품질의 콘텐츠를 게시한다.
*해시태그를 사용한다.
*인스타그램 광고를 사용한다.

비즈니스 계정을 생성하면 비즈니스 프로필을 설정할 수 있다. 비즈니스 프로필에서는 비즈니스 소개, 연락처 정보, 위치, 영업시간 등을 추가할 수 있다.

고품질의 콘텐츠를 게시하면 잠재 고객의 관심을 끈다. 콘텐츠는 비즈니스와 관련된 사진, 동영상, 텍스트 등을 포함할 수 있다.

해시태그를 사용하면 잠재 고객이 콘텐츠를 쉽게 찾을 수 있다. 해시태그는 비즈니스와 관련된 키워드로 구성한다.

인스타그램 광고를 사용하면 잠재 고객에게 비즈니스를 더 효과적으로 홍보한다. 인스타그램 광고는 타겟팅 기능을 통해 특정 관심사와 취향을 가진 잠재 고객에게 광고를 노출할 수 있다.

인스타그램으로 수익을 창출하는 방법

인스타그램은 다양한 방법으로 수익을 창출할 수 있는 잠재력 있는 플랫폼이다. 인스타그램을 통해 수익을 창출하려면 고품질의 콘텐츠를 게시해야 한다. 많은 팔로워 확보와 참여도가 높아야 한다. 자신의 계정과 팔로워를 분석하여 가장 적합한 수익 창출 방법을 선택 한다.

1) 광고 게재 (제품이나 서비스판매)

인스타그램은 광고주에게 광고를 게재할 수 있는 플랫폼을 제공한다. 광고 게재는 인스타그램에서 가장 일반적인 수익 창출 방법이다.

인스타그램 광고는 타겟팅 기능을 통해 특정 관심사와 취향을 가진 잠재 고객에게 광고를 사용하여 제품이나 서비스를 노출한다.

2) 제품이나 서비스 판매

인스타그램 계정을 통해 제품이나 서비스를 판매한다. 제품이나 서비스를 판매하려면 먼저 비즈니스 계정을 생성 한다. 비즈니스 계정을 생성하면 제품이나 서비스에 대한 정보를 추가한다.

3) 협찬

인스타그램은 인플루언서와 브랜드를 연결하는 플랫폼을 제공한다. 인플루언서는 자신의 인스타그램 계정을 통해 다른 기업과 협찬 계약을 체결한다. 협찬 계약을 통해 기업은 인스타그램 계정을 통해 제품이나 서비스를 홍보하고 인플루언서는 협찬 계약을 통해 수익을 창출한다.

4) 파트너십

파트너십은 인스타그램에서 제품이나 서비스를 홍보하는 방법이다. 인스타그램에서 팔로워가 많은 계정은 브랜드와 파트너십을 맺고 제품이나 서비스를 홍보할 수 있다.

5) 구독

인스타그램은 비공개 계정이나 특정 콘텐츠를 볼 수 있는 프리미엄 구독 서비스를 제공한다. 구독은 인스타그램에서 유료 콘텐츠를 제공하는 방법이다. 인스타그램에서 유료 콘텐츠를 제공하려면, "구독" 기능을 사용해야 한다. "구독" 기능을 사용하면 팔로워는 월 구독료를 지불하고 유료 콘텐츠를 볼 수 있다.

6) 쇼핑

쇼핑은 인스타그램에서 온라인스토어를 통해 제품이나 서비스를 판매하는 방법이다. 인스타그램에서 제품을 판매하려면, 먼저 비즈니스 계정을 생성한다. "쇼핑" 기능을 사용해서 제품을 인스타그램에 등록해 한다. 팔로워는 인스타그램에서 제품을 검색해서 구매한다.

7) 인플루언서 마케팅

인플루언서 마케팅은 팔로워가 많은 인스타그램 계정을 통해 제품이나 서비스를 홍보하는 방법이다. 인플루언서가 게시한 콘텐츠에서 제품을 클릭해서 구매한다.

8) 라이브 마케팅

인스타그램에서 라이브 방송을 할 수 있는 기능이다. 인스타그램 라이브를 통해 제품이나 서비스를 소개하면서, 팬들과 바로 Q&A를 하며 소통한다.

9) 인스타그램 스토리

인스타그램 스토리는 인스타그램에서 24시간 동안만 게시되는 콘텐츠다. 인스타그램 스토리를 통해 제품이나 서비스를 홍보하거나, 팬들과 소통할 수 있다. 인스타그램 스토리를 통해 제품이나 서비스를 홍보하려면 제품이나 서비스를 스토리에 소개하고, 팬들과 Q&A를 하며 소통한다.

10) 기부

인스타그램은 기부 캠페인을 통해 사용자들이 기부할 수 있는 플랫폼을 제공한다.

5. 마치며

인스타그램을 통해 비즈니스를 성공시키기 위해서는 꾸준한 노력과 실행이 필요하다. 이 책을 통해 여러분이 인스타그램을 통해 비즈니스를 성공시키는 데 도움이 되기를 바란다.

인스타그램은 지속적인 노력이 필요한 플랫폼이다. 하루아침에 성공을 거둘 수는 없다. 하지만 꾸준히 노력한다면 인스타그램을 통해 원하는 결과를 얻을 수 있다. 이 책이 여러분의 인스타그램 비즈니스 성공을 위한 첫걸음이 되기를 바란다.

Part 5

아이디어를 현실로 만드는 창작 프로세스-미리캔버스

정 미 아

신중년들이 디지털세상에서 나답게 살아가기 위해 무엇을 배우고 익혀야하는지 연구하고 있다. 미리캔버스를 활용한 강의안, 카드뉴스 제작 등 디지털역량강화에 대한 강의를 진행중이다. 꿈이라고만 생각했던 일들이 목표가 되고 현실이 되는 '이 순간'을 교육생들에게 선물하고 싶다는 마음으로 강단에 서고 있다.

■ 주요 경력 및 활동
정미아교육연구소 대표
스마트폰활용강사(2023, 과학기술통신부)
거제시 청소년상담복지센터 상담 지도자(2020. 07~)
두리심리연구소 특별교육 및 상담 실장(2018. 05~)
거제가정상담센터 폭력예방교육 전문강사(2015. 07~)
시니어교육지도사 1급(2018. 국제치매예방협회)
스마트폰 활용지도사 1급(2021. 한국인재교육진흥원)

■ 출간 이력
그대라는 놀라운 기적(행복한 북창고, 2023)
해피바이러스 정미아의 감사일기(유페이퍼, 2022)

■ SNS채널
kj69love@naver.com
블로그 https://blog.naver.com/33jansory
인스타그램 @virusmia69

CONTENTS

지금은 너도 나도 콘텐츠 시대	73
미리캔버스 소개	74
미리캔버스 활용 사례	77
미리캔버스로 나도 PPT의 강자	80
미리캔버스를 활용한 미래 전망	90

지금은 너도나도 콘텐츠 시대

　인터넷의 보급과 스마트폰의 대중화로 더욱 가속화되는 이 시대에 우리는 일상생활에서부터 업무, 교육, 엔터테인먼트까지 다양한 분야에서 다량의 콘텐츠와 마주하게 된다. 이에 콘텐츠의 질과 효과는 개인과 사회에 큰 영향을 미치고 있으며, 새로운 혁신을 요구하고 있다.

　1. 콘텐츠의 힘
　콘텐츠는 현대 사회에서 힘과 영향력을 키우는 중요한 요소로 자리 잡았다. 사회적으로도, 비즈니스적으로도 그 영향력은 커지고 있다. 우선 콘텐츠는 정보전달의 강력한 수단으로 작용한다. 언론매체, 블로그, 소셜미디어 등을 통해 다양한 지식과 경험을 공유할 수 있으며 사회적 문제 인식과 해결, 문화 교류, 그리고 전 세계적인 이해와 소통에 기여한다.

　또한 콘텐츠는 브랜드의 마케팅 전략에서 핵심적인 역할을 수행한다. 콘텐츠 마케팅을 통해 제품이나 서비스의 가치를 강조하고, 브랜드의 이미지와 인지도를 높이는데 도움이 되며 소비자들과의 긍정적인 상호작용을 유도한다.

　콘텐츠는 사회적 영향력을 행사하는 데도 큰 역할을 한다. 사회적 이슈에 대한 다양한 의견과 시각을 제시하며 인권, 환경, 공정거래 등의 문제를 다루고 사회적 변화를 이끌어내는 도구로 작용한다. 사람들의 관심을 끌고 자발적으로 참여하도록 유도함으로써 사회적 운동의 활성화에도 기여한다.

　하지만 주의할 점도 있다. 허위 정보나 조작된 콘텐츠는 혼란과 불안을 일으키며 개인 정보 유출 등의 문제를 초래할 수 있다. 따라서 콘텐츠를 제공하거나 소비할 때는 신중함과 비판적인 시각이 필요하다.

　2. 끌리는 콘텐츠의 조건
　사람들을 매혹시키고 끌어당기는 콘텐츠를 만들기 위한 세 가지 핵심 요소는 다음과 같다.

　① 끌리는 콘텐츠는 사람들의 감정에 직접 다가가야 한다.
　강렬한 감정을 일으키거나 공감을 자아내는 콘텐츠는 사람들에게 강한 인상을 남기고 그들을 끌어들인다. 감동적인 이야기, 위로가 되는 메시지, 감정을 자극하는 비디오 등은 이러한 요소를 갖춘 예시다.

② 끌리는 콘텐츠는 사람들이 실생활에서 적용할 수 있는 유용한 정보를 담고 있어야 한다. 도움이 되는 팁, 노하우, 문제 해결 방법 등을 제공하는 콘텐츠는 사람들이 찾으려고 하는 가치를 제공하며 끌어들인다.

③ 유니크하고 참신한 콘텐츠는 사람들의 호기심을 자극하고 관심을 끌어낸다.
새로운 아이디어, 독특한 접근 방식, 예상치 못한 발상 등은 눈에 띄는 콘텐츠로 만들어 준다. 비주얼적으로 인상적인 콘텐츠는 사람들의 눈을 사로잡고 기억에 남게 만든다. 멋진 이미지, 동영상, 그래픽 등을 활용하여 시각적인 매력을 높이는 것이 중요하다.

끌리는 콘텐츠는 간결하고 명확하게 전달되어야 한다. 사람들은 바쁘고 많은 정보에 둘러싸여 있기 때문에 간결하고 요점을 짚는 콘텐츠가 더욱 끌린다. 해당 콘텐츠를 어떤 플랫폼에 어떻게 전달하는 것도 중요한 요소 중 하나다. 사람들의 관심을 끌어들이고 공유하게 만드는 끌리는 콘텐츠를 만드는 것은 마케팅과 브랜딩에 있어서도 매우 중요한 전략이다.

 미리캔버스 소개

1. 미리캔버스의 역사
미리캔버스는 기존에 존재하지 않았던 새로운 혁신적인 개념으로 제품이나 서비스를 출시하기 전에 사용자들과의 상호작용을 통해 피드백을 받고 개선하는 것을 의미한다. 이는 제품이나 서비스를 개발하는 초기 단계에서 사용자들의 요구와 선호를 더 잘 반영하고 최종적으로는 성공적인 제품을 만들 수 있도록 도와준다.

미리캔버스의 역사적 배경은 소프트웨어 개발에서 기원한다. 소프트웨어 업계에서는 애자일 개발 방법론이 미리캔버스의 핵심적인 개념을 반영하고 있다. 애자일 개발은 지속적인 피드백과 협력을 중요시하는 방법론으로 제품을 미리 사용자들에게 보여주고 사용자들의 의견을 수용하여 빠르게 개선하는 방식을 채택한다.
미리캔버스의 개념은 소프트웨어 개발을 넘어서 여러 산업과 분야에 적용되었다. 제품 개발이나 서비스 출시 이전에 사용자들에게 프로토타입을 보여주고 피드백을 수집하는 것이 중요하다는 인식이 더욱 확산하였다. 미리캔버스를 통해 기업은 더 나은 제품을 개발하고, 마케팅 전략을 세우고, 비즈니스 모델을 최적화한다.
미리캔버스는 현대적인 제품과 서비스 개발 방법론의 핵심적인 요소로 자리 잡고 있으며 기업들이 적극적으로 채택하여 제품의 품질과 성능을 향상하는 데에 활용되고 있다.

2. 미리캔버스의 장점과 활용 분야

미리캔버스는 창의성과 아이디어 개발을 위한 강력한 도구로서 다양한 분야에서 활용되고 있다. 이 훌륭한 도구를 사용하여 미적인 예술과 문학 작품부터 혁신적인 비즈니스 아이디어까지 다양한 분야에서 크리에이티브한 결과물을 만들어낼 수 있는 장점이 있다.

그 활용 분야는 다양하다.

① 아이디어 개발과 노트 작성

미리캔버스는 사진, 도표, 텍스트 등 다양한 요소를 자유롭게 조합할 수 있으므로 아이디어 개발과 노트 작성에 이상적이다. 뇌의 연상력을 자극하여 새로운 아이디어를 시각화하고 기록하는 데 도움이 된다. 작가들은 이를 활용하여 색다른 플롯과 캐릭터, 흥미로운 설정을 개발하며, 소설과 시나리오 작성에 큰 도움을 얻을 수 있다.

② 예술과 디자인

미리캔버스는 디지털 예술가들에게 무한한 창의성을 제공한다. 그림, 일러스트, 디자인 등 다양한 예술 작업에 활용하여 자유로운 스케치와 색상 조합, 레이어 기능을 활용하여 아름다운 작품을 만들어낼 수 있다.

③ 프로젝트 기획과 마인드맵

비즈니스, 교육, 연구 등 다양한 분야에서 프로젝트 기획과 마인드맵 작성에 미리캔버스를 사용할 수 있다. 주제와 목표를 시각적으로 정리하고, 아이디어와 태스크를 구조화하여 효율적으로 진행할 수 있다.

④ 교육과 강의 자료

교육자나 강사들은 미리캔버스를 활용하여 수업 자료나 강의 자료를 만들 수 있다. 시각적인 요소를 포함하여 학생들의 이해를 도와주며, 개념을 보다 명확하고 흥미롭게 전달할 수 있다.

⑤ 문서 작성과 리서치

논문, 노벨, 에세이 등과 같은 글쓰기 작업에도 미리캔버스는 매우 유용하다. 서로 다른 정보를 취합하고 조직화하여 글의 구조를 구상하며, 시각화된 자료를 활용하여 설득력 있는 문서를 작성할 수 있다.

⑥ 프로토타이핑과 웹 디자인

웹 디자이너나 개발자들은 미리캔버스를 사용하여 프로토타입을 제작하거나 웹 사이트의 디자인과 레이아웃을 기획할 수 있다. 이를 통해 협업 과정에서 아이디어를 공유하고 피드백을 주고받으며 빠르게 수정해 나갈 수 있다.

미리캔버스는 무한한 창의성과 기능을 제공하여 작가들과 다양한 분야의 전문가들이 자신의 아이디어를 현실로 이끌어내는 데 도움을 준다. 쉽고 직관적인 사용법과 다양한 기능으로 인해 이 도구는 더욱 많은 분야에서 크리에이티브한 결과물을 만들어내는 데 기여하고 있다.

3. 미리캔버스의 저작권 알아보기

미리캔버스(Miricanvas)는 사진 및 디자인 작업을 위한 온라인 디자인 툴로서 이미지, 글꼴, 아이콘 등 다양한 자료를 제공하는 웹사이트다. 이러한 자료들은 사용자가 무료 또는 유료로 활용할 수 있다.

저작권은 일반적으로 저작물의 창작자가 해당 저작물에 대한 권리를 갖는 것을 의미한다. 미리캔버스에서 제공하는 자료들에도 저작권이 적용된다. 사용자가 미리캔버스에서 제공하는 이미지, 글꼴, 아이콘 등을 사용하는 경우 해당 자료들의 저작권자가 허용하는 범위 내에서만 사용해야 한다.

미리캔버스에서 제공하는 자료들은 크게 두 가지 유형으로 나뉜다.

① 무료 자료
미리캔버스에서 무료로 제공되는 자료들은 사용자가 상업적인 목적으로도 자유롭게 사용할 수 있는 경우가 많다. 하지만 각 자료마다 저작권자가 요구하는 조건이 다를 수 있으므로, 사용 전에 해당 자료의 사용 조건을 확인하는 것이 중요하다.

② 유료 자료
미리캔버스에서 유료로 판매되는 자료들은 사용자가 구매한 라이선스 범위 내에서만 사용이 가능하다. 이러한 자료들은 사용자가 구매한 목적에 한해 사용이 허용되며, 다른 목적으로 사용하고자 할 경우 추가적인 라이선스가 필요할 수 있다.

저작권은 중요한 법적 개념이므로 미리캔버스에서 제공하는 자료들을 사용할 때는 저작권에 대한 이해와 해당 자료의 사용 조건을 준수하는 것이 중요하다. 상업적인 용도로 사용할 경우에는 특히 더욱 주의가 필요하며, 가능하다면 저작권자에게 직접 문의하여 명확한 사용 권한을 확인하는 것이 좋다.

 미리캔버스 활용 사례

1. 교육 분야에서의 활용 사례
미리캔버스는 교육 분야에서 다양한 용도로 활용될 수 있는 온라인 학습 플랫폼이다. 아래는 교육 분야에서의 미리캔버스 활용 사례 몇 가지를 설명한다.

① 원격 교육 및 온라인 강의
미리캔버스는 강사와 학생들 간에 원격으로 소통하고, 강의 자료를 공유하며, 과제를 제출하고 평가하는데 사용된다. 강의 동영상, 강의 노트, 토론 포럼, 온라인 퀴즈 등을 포함하여 강의 활동을 지원한다.

② 학습 관리 시스템
학교나 대학 등 교육 기관에서 미리캔버스를 학습 관리 시스템으로 활용할 수 있다. 학생들의 출결, 성적, 과제 제출 등을 관리하고 통계를 분석하여 학생들의 학습 상황을 파악하는데 도움을 준다.

③ 협력적 학습
미리캔버스는 학생들 간의 협력적 학습을 지원한다. 그룹 프로젝트, 토론, 공동 작업 등을 위한 기능들이 있어 학생들이 서로 함께 학습할 수 있도록 돕는다.

④ 개별 맞춤 학습
미리캔버스는 학생들에게 개별 맞춤 학습 경험을 제공한다. 학습자들의 성향과 학습 속도에 맞춰 학습 자료를 제공하고, 학습 진도를 추적하여 개별적으로 지도해준다.

⑤ 교육 자료 공유
교사들은 미리캔버스를 통해 수업 자료와 교육 자료를 학생들과 공유할 수 있다. 강의 자료, 학습 자료, 동영상 등을 업로드하고 공유함으로써 학생들의 학습을 보조할 수 있다.

⑥ 학부모 참여
학부모들은 미리캔버스를 통해 자녀의 학업 상황을 파악하고, 교사와 소통할 수 있다. 출결 정보, 성적표, 학교 소식 등을 제공하여 학부모 참여를 촉진한다.

⑦ 교육 리소스 라이브러리

미리캔버스는 교육 리소스 라이브러리 역할도 수행한다. 학교나 교육 기관에서 강의자료, 연구 자료, 교재 등을 저장하고 관리하여 교사들이 필요할 때 언제든지 활용할 수 있도록 한다.

이와 같이 미리캔버스는 교육 분야에서 다양한 방식으로 활용되며, 학생들과 교사들의 학습 경험을 향상시키고 학습 관리를 용이하게 한다.

2. 비즈니스 분야에서의 활용 사례

미리캔버스(Mind Mapping)는 아이디어를 시각적으로 정리하고 구조화하는데 유용한 도구로서 비즈니스 분야에서 다양한 활용 사례가 있다. 아래는 미리캔버스가 비즈니스 분야에서 어떻게 활용되는지에 대한 몇 가지 예시다

① 아이디어 생성과 개발

미리캔버스는 비즈니스 아이디어를 끄집어내고 발전시키는데 탁월한 도구다. 팀원들과 함께 미팅이나 브레인스토밍 세션을 할 때 아이디어를 구조화하고 관련 아이디어들을 시각적으로 연결하여 새로운 비즈니스 콘셉트를 찾아낼 수 있다.

② 프로젝트 관리

프로젝트의 목표, 작업, 리소스, 마일스톤 등을 미리캔버스로 나타내면 프로젝트팀이 목표를 명확히 이해하고 작업을 조율하는 데 도움이 된다. 미리캔버스를 사용하여 프로젝트 계획서를 만들거나 프로젝트 진행 상황을 시각적으로 파악하는 등의 활용이 가능하다.

③ 시장 조사와 경쟁 분석

미리캔버스를 활용하여 시장 조사 및 경쟁 분석 자료를 시각적으로 정리할 수 있다. 제품, 서비스, 시장 동향, 주요 경쟁사 등의 정보를 정리하여 전략을 수립하는 데 도움이 된다.

④ 비즈니스 전략 수립

미리캔버스를 사용하여 비즈니스 목표와 목표 달성을 위한 전략을 시각화하고, 주요 실행 계획을 구체화할 수 있다. 비즈니스 모델, 시나리오 분석, SWOT 분석 등을 시각적으로 표현하여 의사결정을 지원한다.

⑤ 마케팅 및 광고 캠페인 기획

미리캔버스를 활용하여 마케팅 및 광고 캠페인을 기획하는 과정을 시각화할 수 있다. 타깃 대상, 채널, 콘텐츠, 예산 등을 정리하여 효율적인 마케팅 전략을 구축할 수 있다.

⑥ 회의 및 프레젠테이션

　회의나 프레젠테이션에서 미리캔버스를 사용하여 내용을 정리하고 시각적으로 설명하면 참여자들이 더 잘 이해하고 정보를 소화하기 쉽다.

⑦ 문서 작성과 아이디어 정리

　기존 문서 작성 시에도 미리캔버스를 활용하여 아이디어를 구조화하고 핵심 내용을 시각적으로 정리할 수 있다.

　이러한 방식으로 미리캔버스를 사용하면 효율적인 시각화와 커뮤니케이션을 통해 비즈니스 프로세스와 전략을 향상할 수 있다.

3. 예술 분야에서의 활용 사례

　미리캔버스는 예술 분야에서 많은 창작과 활용이 가능한 도구로서, 다양한 사례들이 있다. 미리캔버스는 디지털 캔버스로, 그림 그리기, 디자인, 일러스트레이션, 웹 디자인 등 다양한 창작 작업에 사용될 수 있다. 아래는 몇 가지 예술 분야에서 미리캔버스 활용 사례를 소개한다.

① 디지털 그림 그리기

　미리캔버스는 그래픽 태블릿과 함께 사용되어 디지털 그림 그리기에 이용된다. 디지털 그림을 그리는 데 필요한 다양한 브러시와 도구를 제공하여 예술가들이 편리하게 디지털 아트 작품을 만들 수 있다.

② 일러스트레이션

　일러스트레이션 작업은 책, 만화, 웹툰 등에서 많이 사용된다. 미리캔버스는 다양한 스타일과 효과를 적용하여 다양한 주제의 일러스트레이션을 만드는 데 유용하다.

③ 디지털 콜라주

　미리캔버스는 사진과 그래픽 요소를 조합하여 디지털 콜라주를 만드는 데 사용될 수 있다. 다양한 이미지와 텍스트를 조합하여 흥미로운 시각적 효과를 구현할 수 있다.

④ 웹 디자인

　웹 디자이너들은 미리캔버스를 사용하여 웹페이지, UI/UX 디자인 등을 작업할 수 있다. 디자인 요소들을 신속하게 시각화하고 테스트하는 데 유용하다.

⑤ 캐릭터 디자인

만화, 애니메이션, 게임 등에서 등장하는 캐릭터들을 디자인할 때 미리캔버스를 사용하여 초기 아이디어를 시각화하고 디자인 프로세스를 도와준다.

⑥ 아티스트의 스케치북

아티스트들은 미리캔버스를 자신의 디지털 스케치북으로 활용하여 창작 아이디어를 기록하고 구상하는 데 활용할 수 있다.

⑦ 패턴 디자인

텍스타일 디자이너나 그래픽 디자이너들은 미리캔버스를 사용하여 다양한 패턴을 디자인하고 조합하여 창작할 수 있다.

미리캔버스는 사용자들이 자유롭게 창의적인 작업을 할 수 있도록 도와주는 유용한 디지털 예술 창작 도구다. 이외에도 많은 분야에서 활용되며, 예술가들의 창작을 더욱 풍부하고 효과적으로 만들어주는 역할을 한다.

미리캔버스로 나도 PPT의 강자

1. PC에서 사용하기

미리캔버스는 무료 온라인 그래픽 디자인 툴로, 다양한 기능을 제공하여 전문적인 수준의 프레젠테이션을 만들 수 있다. 프레젠테이션이란 시청각 자료를 활용한 발표라고 할 수 있다. 시청각 자료를 활용하여 사업 계획이나 절차를 구체적으로 발표하는 활동으로 강의안, 제안서, 회사 PT 발표할 때 주로 사용하는 템플릿의 일종이다. 발표 중에서도 특히 시청각 자료를 활용한 말하기 프레젠테이션이라고 한다.

강사들이나 회사를 운영하는 CEO는 '어떻게 하면 내 강의를 잘 전달할까?', '어떻게 하면 우리 회사의 장점을 잘 전달할까?'와 같은 고민에 빠진다.

지금까지는 프레젠테이션 자료를 제작하는 것이 일반인들에게는 힘들고 오랜 시간을 필요로 하는 작업이었다. '디자인 센스'가 부족한 사람들에게는 더없는 불편함이었다. 그러나 지금은 미리캔버스를 활용해 얼마든지 전문가처럼 만들 수 있다.

① 미리캔버스에 접속하고 프레젠테이션 제작하기 먼저 인터넷 브라우저를 열고, 미리캔버스에 접속한다.

https://www.miricanvas.com

첫 방문이면 네이버 간편 가입을 추천한다. 네이버 로그인 아이디를 입력하거나 로그인이 되어 있을 경우 약관 동의 팝업 창에 필수 약관 동의 체크 후 가입하기를 클릭한다.

② 프레젠테이션 템플릿 선택하기

미리캔버스를 열면 위의 그림처럼 나타난다.

바로시작하기 버튼과 템플릿 보러가기 버튼을 확인할 수 있다. 둘 다 미리캔버스 작업 화면으로 연결된다. 필자는 주로 바로 시작하기로 들어간다.

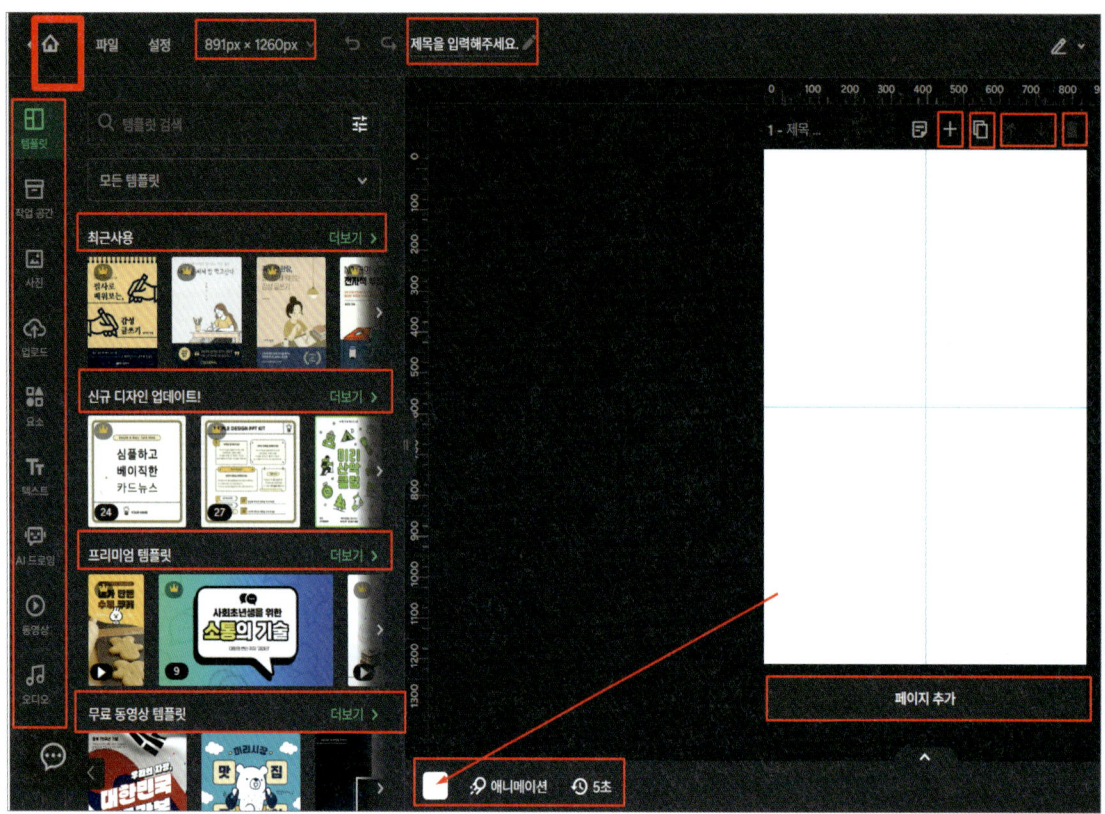

미리캔버스의 기본 작업 화면이다. 좌측에는 템플릿, 작업 공간, 사진, 업로드, 요소, 텍스트, AI드로잉, 동영상, 오디오 메뉴가 있다. 상단에는 파일, 설정, 사이즈, 제목입력창이 있다. 흰색 도화지가 디자인 작업 화면이다. 도화지의 색을 바꿀 때에는 하단의 도화지색을 누르면 변경도 가능하다.

공부방, 학원 원장님, 학원 강사들, 1인 온라인강사, 회사 영업 PT담당직원 등 프레젠테이션이 필요한 독자들을 위해 이 기능을 중점적으로 다루어보겠다.

미리캔버스 대시보드에 접속하면 다양한 템플릿이 보인다.

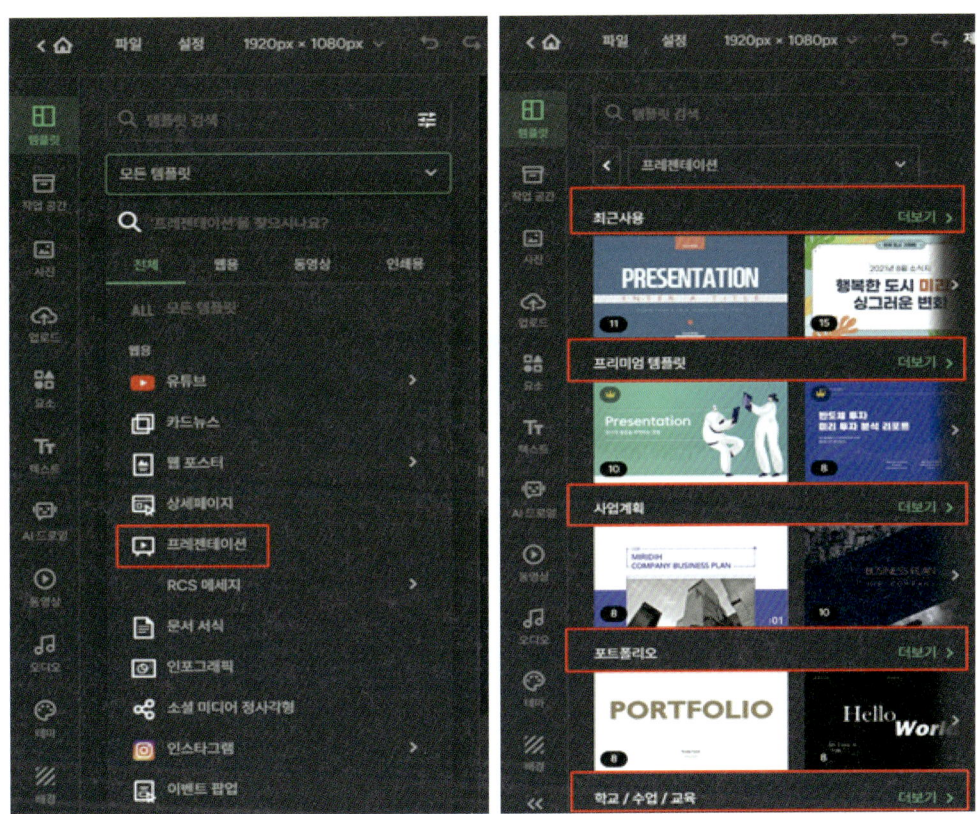

"프레젠테이션"을 검색하면 프레젠테이션용 템플릿이 나온다.
원하는 템플릿을 선택하거나, 빈 화면에서 시작하여 스스로 디자인할 수 있다.
설정에서 다크 모드를 사용하면 좀 더 선명한 이미지를 나타낼 수 있다.

PART5 아이디어를 현실로 만드는 창작 프로세스-미리캔버스   83

③ 슬라이드 추가 및 편집

프레젠테이션에서 사용할 슬라이드를 추가한다.

단 메뉴에서 "요소 추가" 또는 "+" 버튼을 클릭하여 새로운 슬라이드를 추가할 수 있다.

슬라이드를 선택하면 우측 패널에서 해당 슬라이드의 요소를 편집할 수 있다.텍스트, 이미지, 도형 등을 추가하거나, 기존 요소를 수정한다.

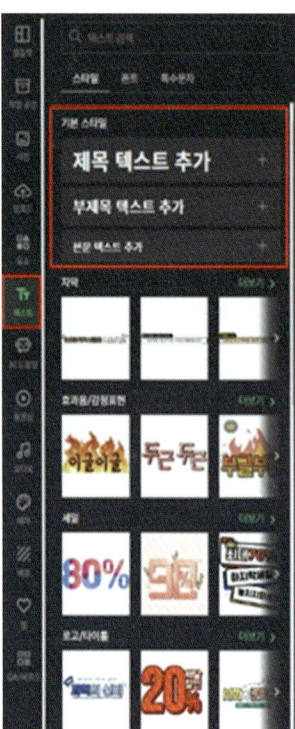
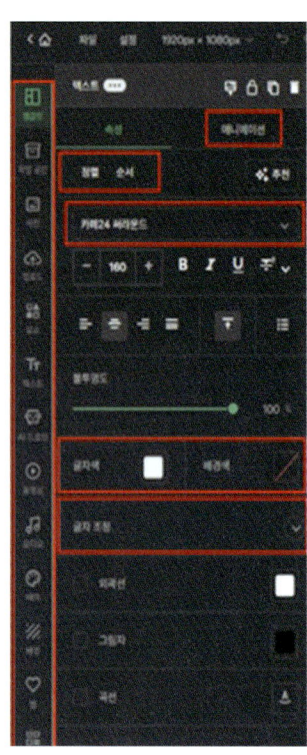

④ 디자인 및 레이아웃 수정

주제에 맞는 프레젠테이션 디자인을 정한다.

프레젠테이션의 디자인을 개성화하기 위해 배경색, 글꼴, 크기 등을 조정한다.

요소들의 위치를 조정하여 레이아웃을 재구성할 수 있다.

⑤ 이미지 및 그래픽 추가

미리캔버스는 다양한 무료 이미지와 그래픽 요소를 제공한다.

"요소 추가"에서 "사진" 또는 "그래픽"을 선택하여 필요한 이미지나 아이콘을 삽입한다.

⑥ 텍스트 스타일링

텍스트를 선택하여 글꼴, 색상, 정렬 등을 변경하여 스타일을 적용한다. 제목, 부제목, 본문 텍스트 등에 서로 다른 스타일을 적용해 프레젠테이션을 보기 좋게 만든다.

⑦ 그룹화 정렬

여러 개의 요소를 묶어서 그룹화하거나, 정렬하여 균형 있는 디자인을 구성하고 다양한 색상 변경도 가능하다.

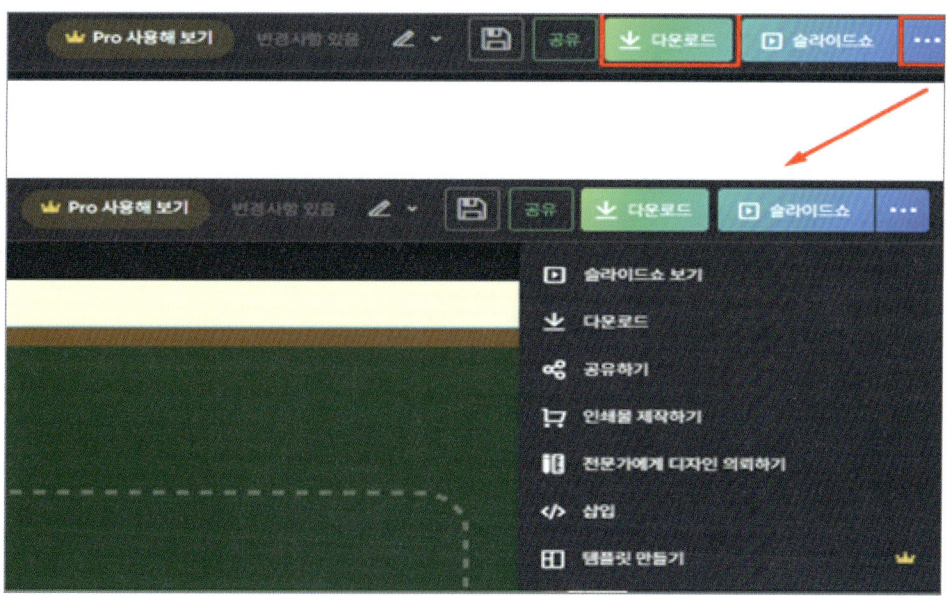

⑧ 프레젠테이션 다운로드 또는 공유작업이 완료되었다면 상단 메뉴에서 "다운로드"를 클릭하여 PPT 파일로 저장할 수 있다. 또한 미리캔버스에서 제공하는 공유 링크를 생성하여 다른 사람과 협업하거나 공유할 수 있다.

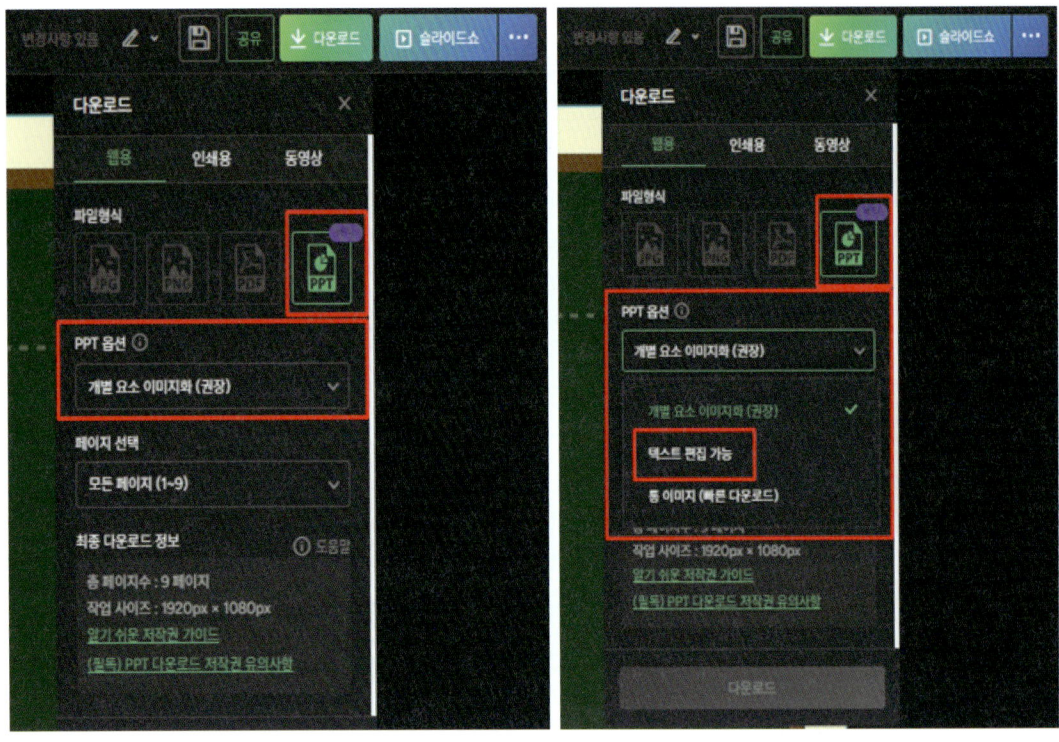

⑨ 추가적인 기능 활용 (선택 사항).미리캔버스는 음악 추가, 애니메이션 효과, 동영상 삽입 등의 기능도 제공한다. 필요에 따라 이러한 기능들을 활용해 프레젠테이션을 더욱 풍부하게 만들 수 있다.

⑩ PPT 변환 시 내보내기 설정에 따라 글자 수정 가능.다운로드 시 PPT 옵션 개별요소 이미지화 권장 클릭, 텍스트 편집가능을 선택 후 다운로드하면 글자 수정이 가능하다.

⑪ 애니메이션 기법도 다양하게 사용할 수 있다.

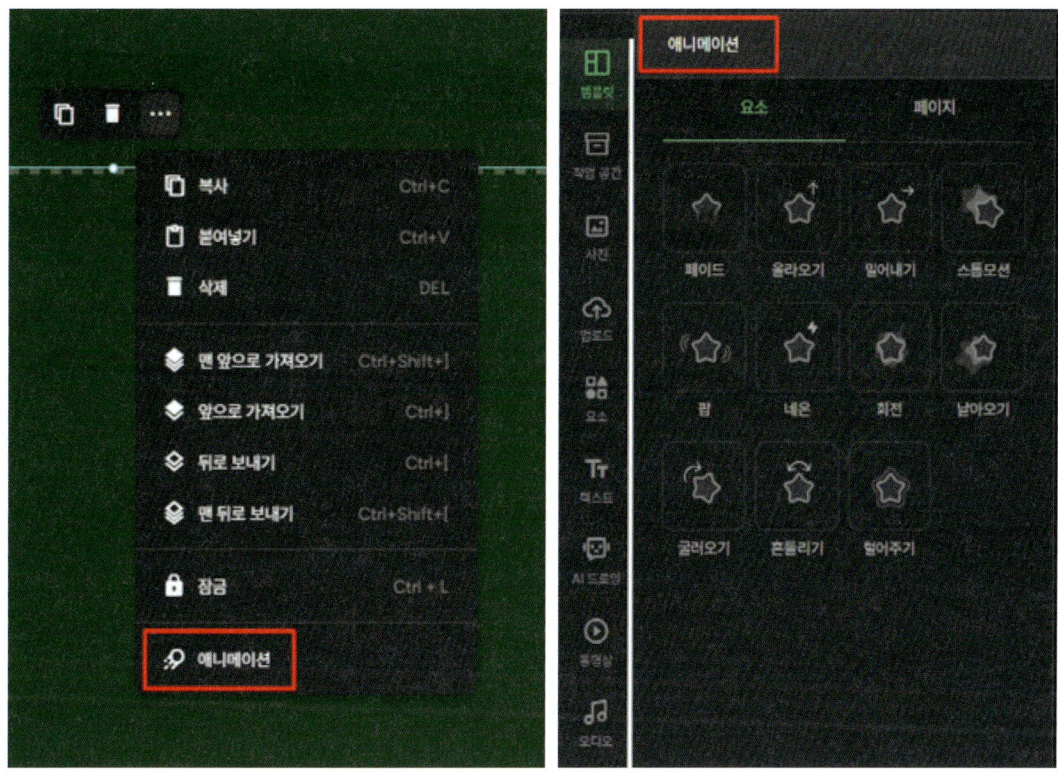

2. 모바일에서 사용하기

① 로그인하기

PC와 같이 네이버 홈에서 미리캔버스를 검색한다. 바로 가기 버튼을 클릭한다.

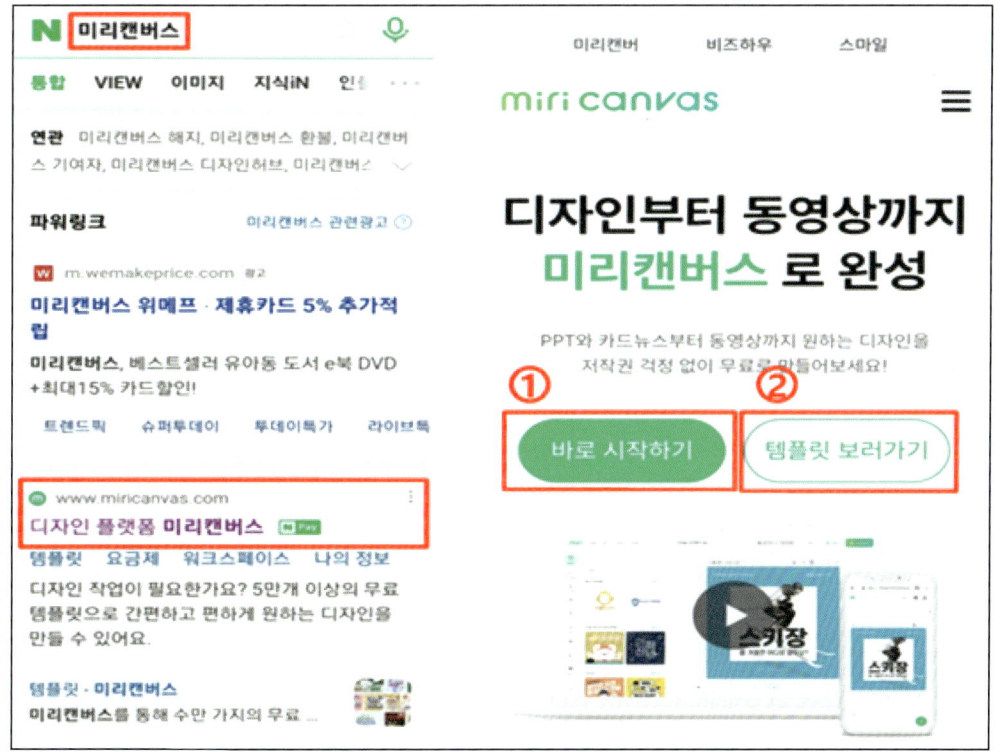

② 템플릿&요소 추가하기

템플릿 요소 추가하기 버튼을 클릭하면 다양한 템플릿이 있다.

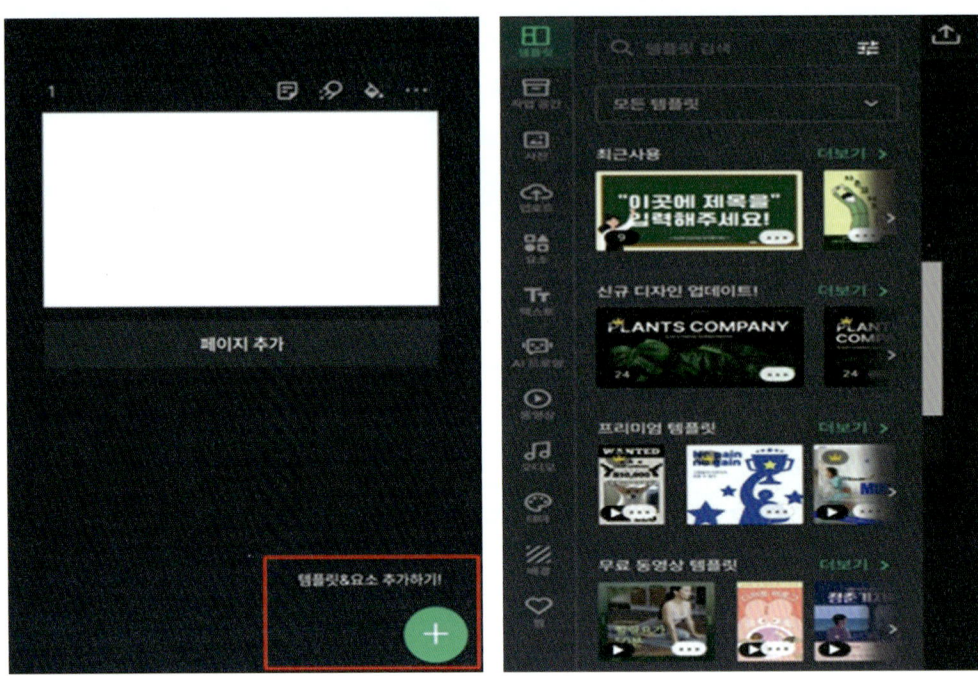

③ 프레젠테이션을 검색한다.

내가 원하는 주제의 다양한 프레젠테이션 템플릿을 사용할 수 있다.

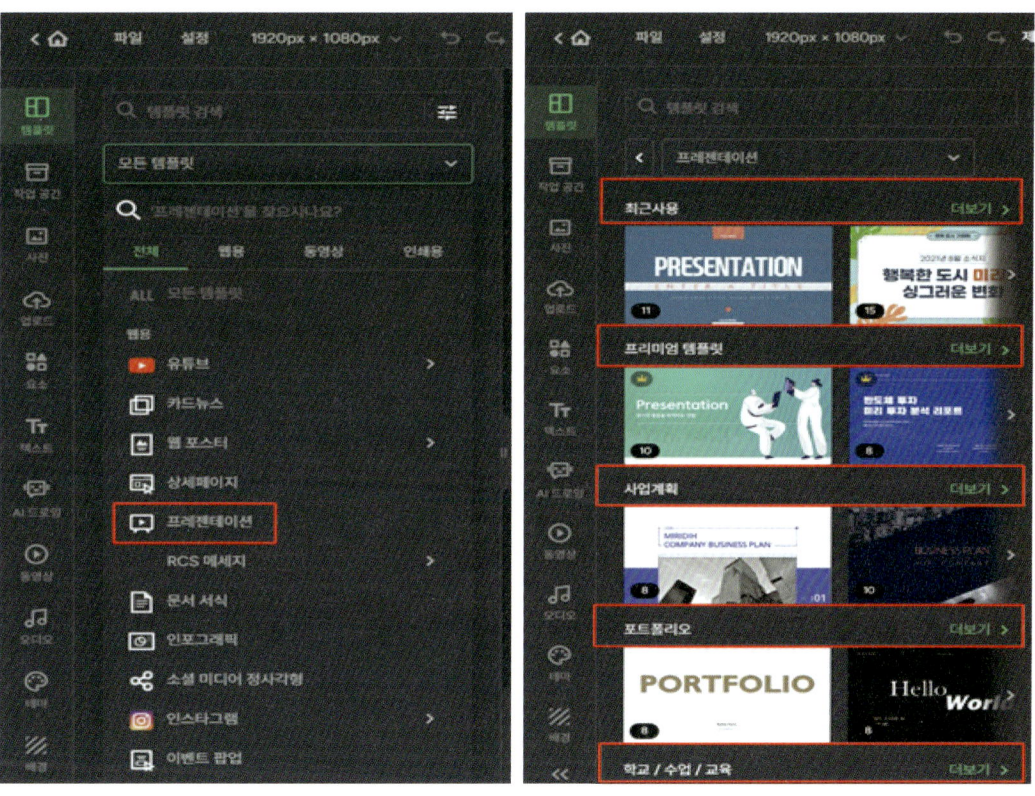

④ 주제에 맞는 프레젠테이션 템플릿을 선택 후 필요한 요소 및 텍스트를 추가하여 PPT를 완성할 수 있다

⑤ 그 외 활용방법은 pc버전과 같다.

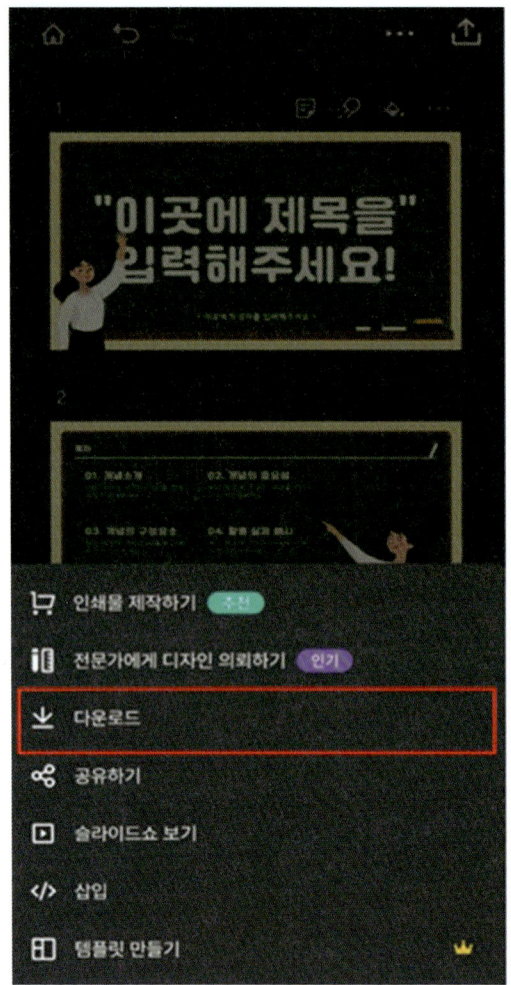 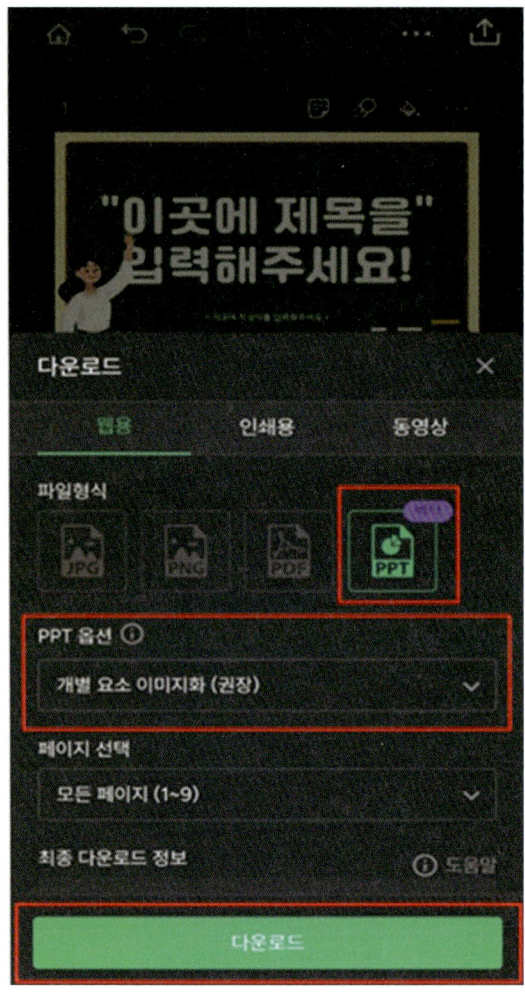

위의 단계들을 따라 하면서 미리캔버스를 활용하여 멋진 PPT를 만들 수 있을 것이다. 자유롭게 창의적인 디자인과 콘텐츠를 추가하여 더욱 효과적인 프레젠테이션을 구성해 보자!

 미리캔버스를 활용한 미래 전망

1. 미리캔버스의 미래 가능성과 기대효과

미리캔버스(Pre-canvas)는 미래 가능성과 기대효과가 매우 뚜렷한 개념이다. 이는 기술적인 발전과 창의성을 통해 혁신적인 결과물을 창출하는 방법 중 하나이기 때문이다.

① 창의성과 혁신적인 발전

미리캔버스는 기존의 상상력과 창의력을 통해 미래의 가능성을 예측하고 시각화하는 기술이다. 이를 통해 새로운 아이디어와 혁신적인 발전을 도출할 수 있다. 미래의 상황과 환경을 미리 상상하고 대응할 수 있는 능력이 높아지므로 새로운 기술, 제품, 서비스 등의 개발과 혁신적인 변화를 가져올 수 있다.

② 비용 절감과 효율성 향상

미리캔버스를 활용하면 기업이나 조직은 아이디어를 시험해 보기 전에 미리 시뮬레이션하고 평가할 수 있다. 이로 인해 개발 단계에서의 시간과 비용을 크게 절감할 수 있다. 실험적인 제품을 만들고 평가하는데 드는 비용을 줄이고, 문제점을 조기에 발견하여 수정하는 것이 가능해진다.

③ 위험 요소 감소

미리캔버스를 활용하여 미래 시나리오를 예측하고 시뮬레이션함으로써 새로운 아이디어와 비즈니스 모델의 위험을 사전에 파악할 수 있다. 이를 통해 실패할 가능성이 높은 프로젝트나 제품을 사전에 차단하고, 성공 가능성이 높은 영역에 집중할 수 있다.

④ 민첩성과 유연성

미리캔버스는 미래에 대한 가정과 예측을 조율하는 데 사용되기 때문에 기업이 민첩하고 유연하게 변화하는 시대에 적응할 수 있다. 기존의 비즈니스 모델이나 전략을 빠르게 조정하거나 새로운 아이디어를 적용하여 빠르게 시장에 대응할 수 있다.

⑤ 팀 협업과 의사 결정 지원

미리캔버스는 팀 협업과 의사 결정에도 도움을 준다. 여러 관계자들과 함께 미래 시나리오를 고려하고, 그에 따른 전략과 계획을 수립하는데 사용된다. 이를 통해 의사 결정의 효율성과 품질을 향상할 수 있다.

⑥ 사용 분야 확장

미리캔버스는 기업뿐만 아니라 정부, 교육, 의료, 예술 등 다양한 분야에서도 적용 가능하다. 예를 들어, 정부는 미리캔버스를 활용하여 정책의 효과를 시뮬레이션하고, 교육 분야에서는 미래 교육 방식을 시뮬레이션하여 학습 효과를 향상할 수 있다.

미리캔버스는 미래를 예측하고 대비하는 데 매우 유용한 도구로 자리 잡고 있으며, 기술의 발전과 함께 더욱 다양하고 강력한 기능들이 추가될 것으로 기대된다. 이를 통해 기업과 조직은 변화하는 시대에 더욱 빠르고 효과적으로 적응하며 성공할 수 있을 것이다.

결론

1. 창의성을 끌어올리는 미리캔버스의 중요성

미리캔버스는 창의성을 끌어올리는 데 중요한 도구입니다. 전문가들은 미리캔버스를 통해 아이디어를 시각화하고 개선하는 데 매우 효과적인 방법으로 간주합니다.

① 아이디어 시각화

미리캔버스는 아이디어를 시각적으로 표현할 수 있는 강력한 도구다. 일반적으로 아이디어는 머리 속에서 모호하게 존재하거나 단어로 표현하기 어려울 수 있다. 하지만 미리캔버스를 사용하면 아이디어를 그림, 그래프, 다이어그램 등으로 표현함으로써 더욱 명확하고 구체적으로 이해할 수 있다.

② 구조화와 조직화

미리캔버스는 아이디어를 구조화하고 조직화하는 데 도움이 된다. 아이디어가 단순히 머리 속에 떠다니는 것이 아니라 캔버스에 그려지고 정리되면서 논리적 흐름과 상호 연결성을 높일 수 있다. 이로 인해 아이디어의 구체성과 실현 가능성을 높일 수 있다.

③ 다양한 관점과 아이디어 발굴

미리캔버스를 사용하면 팀원들이 서로 다른 관점과 아이디어를 제시할 수 있다. 각각의 아이디어가 캔버스에 그려지면서 팀원들 간에 의견 교환과 협업이 원활하게 이루어진다. 이는 새로운 아이디어를 발굴하고 기존 아이디어를 발전시키는 데 도움이 된다.

④ 반복적 개선과 수정

미리캔버스를 사용하면 아이디어를 빠르게 수정하고 개선할 수 있다. 아이디어가 캔버스에 표현되면서 부족한 부분이나 개선할 사항을 식별하여 쉽게 반복적인 개선 작업을 진행할 수 있다. 이는 아이디어의 완성도를 높이고 최종 결과물의 품질을 향상할 수 있다.

⑤ 시각적 커뮤니케이션

미리캔버스는 아이디어를 다른 사람들에게 시각적으로 효과적으로 전달하는 데 사용될 수 있다. 커뮤니케이션은 창의성을 발전시키는 데 핵심적인 역할을 한다. 간결하고 명확한 그림과 그래프는 아이디어의 이해를 도울 뿐만 아니라 동기부여를 높여준다.

종합적으로 미리캔버스는 아이디어 개발 과정에서 창의성을 촉진하고 향상하는 강력한 지원 도구로서, 전문가들이 그 중요성을 인정하고 활용하는 것이 보편적인 견해다.

프리젠테이션 문서를 만드는 과정에서 파워포인트의 굴레를 벗어날 수 있는 건 절대 쉬운 일이 아니다. 그럼에도 불구하고 파워포인트가 아닌 미리캔버스라는 새로운 PPT 프리젠테이션 사용을 해야 하는 이유는 크리에이티브한 도구가 준비되어 있어야 크리에이티브한 결과물을 얻을 수 있다. 저작권 없는 무료 디자인 툴, 미리캔버스로 매력적인 나만의 다양한 문서 작성에서 강자가 되길 기대한다.

Part 6

내 손안의 디지털 세상

한 은 진

현재 네이버 인플루언서이자 브런치 작가로 활동하고 있으며, 〈세이프 알레르기〉라는 알레르기 커뮤니티 카페를 운영 중이다. '꿈꾸는 샤랄라'라는 닉네임을 통해 SNS에서도 활발히 소통 중이며, 자기계발을 하는 N잡러로 활약 중이다.

■ 주요 경력 및 활동
간호조무사(2000.3.보건복지부)
의무기록사(2005.2.보건복지부)
위생사(2005.2.보건복지부)
병원행정사(2005.2.보건복지부)
수학 가베 지도사 1급 (2016.7.가베월드)
제과기능사(2017.3.국가기술자격)
수원금곡초등학교〈아빠캠프 케이크 데코레이션 진행〉(2018~)

■ 출간 이력
동기부여 가이드북 (전자책; 2021)
꿈꾸는 엄마는 세상보다 단단하다(세상모든책 2021)
미지의 숲과 댕댕이의 성장 놀이터(부크크 2023)
그대라는 놀라운 기적(행복한 북창고 2023)
나는 내 세상에서 살기로 했다(행복한 북창고 2023)

■ SNS채널
카카오톡 아이디   ej2tlove
메일 주소   ejbegin@naver.com
링크트리   https://linktr.ee/hanej1980
이메일   ejbegin@naver.com

CONTENTS

디지털 기기의 정의와 종류	97
디지털 기기의 기본 조작방법	98
인터넷 사용 어렵지 않아요.	101
디지털 기기를 활용한 취미 활동	104
동영상 편집앱 5가지	106

디지털 기기의 정의와 종류

1-1 정의와 종류

디지털 기기란 디지털 신호를 처리하고 출력하는 기기를 말한다. 디지털 신호는 이진수로 표현된 신호로 0과 1로만 구성된다. 디지털 기기는 이러한 디지털 신호를 처리하여 다양한 기능을 수행한다. 종류는 매우 다양한데 가장 대표적인 디지털 기기로는 컴퓨터, 스마트폰, 태블릿, 스마트 TV, 전자책, 웨어러블 기기, 게임기 등이 있다. 우리의 생활 속에서 자주 사용되는 디지털 기기를 알아보면서 디지털 기기에 대해 한 걸음 접근해 보자.

컴퓨터
디지털 기기의 가장 기본적인 기기이다. 컴퓨터는 인터넷을 사용할 수 있고 문서를 작성하고 게임을 할 수 있다. 데스크톱 PC, 노트북 PC, 태블릿 PC, 워크스테이션, 서버 등이 있다.

노트북
컴퓨터의 휴대용 버전이다. 노트북은 컴퓨터보다 작은 크기로 휴대하기 편리하다.

스마트폰
컴퓨터와 노트북의 기능을 모두 갖춘 기기이다. 스마트폰은 인터넷을 사용할 수 있고, 문서를 작성하고, 게임을 할 수 있다. 또한, 사진과 동영상을 촬영하고, 음악을 들을 수 있다. 안드로이드 스마트폰, iOS 스마트폰, 윈도 스마트폰 등이 있다.

태블릿
스마트폰보다 큰 화면을 가지고 있다. 책을 읽고, 영화를 보고, 게임을 할 수 있다. 안드로이드 태블릿, iOS 태블릿, 윈도 태블릿 등이 있다.

스마트 TV
인터넷에 연결되어 다양한 콘텐츠를 즐길 수 있는 TV이다. 스마트 TV는 인터넷을 통해 영화, 드라마, 음악, 게임, 뉴스 등을 시청할 수 있다. 안드로이드 스마트 TV, iOS 스마트 TV, 윈도 스마트 TV 등이 있다.

전자책

책을 읽을 수 있는 디지털 기기이다. 전자책은 종이책보다 가볍고 휴대하기 편리하며, 다양한 책을 읽을 수 있다. E Ink 전자책, LCD 전자책, OLED 전자책 등이 있다.

웨어러블 기기

몸에 착용하고 사용할 수 있는 디지털 기기이다. 웨어러블 기기는 운동량, 심박수, 수면 패턴 등을 측정하고, 알람, 날씨, 음악 등을 제공한다. 스마트워치, 밴드, 안경, 헬멧 등이 있다.

게임기

게임을 즐기기 위한 기기이다. 게임기는 다양한 게임을 제공하며 게임을 통해 즐거움을 얻을 수 있다. 플레이스테이션, 엑스박스, 닌텐도 등이 있다.

 디지털 기기의 기본 조작방법

기 기	기본 조작방법
컴퓨터	키보드와 마우스를 사용하여 조작 *키보드는 문자 입력 *마우스는 화면을 이동, 아이콘 클릭 컴퓨터의 기본적인 조작 방법 * 전원을 켜기->컴퓨터 부팅->바탕 화면 * 원하는 아이콘 마우스 클릭->프로그램 실행 * 키보드와 마우스->프로그램을 조작 * 프로그램을 종료->닫기 버튼을 클릭
노트북	컴퓨터와 같은 방식으로 조작 노트북은 컴퓨터보다 크기가 작다. ->화면을 확대하여 사용 ->태블릿이나 스마트폰을 사용

스마트폰	화면을 터치하여 조작 ->손가락으로 화면 누르기 ->드래그하여 원하는 작업수행 스마트폰과 태블릿 모두 동일
태블릿	드래그하는 법 (그림 참고)
스마트 TV	전원 켜기->스마트 TV의 홈 화면 ->원하는 콘텐츠를 선택->콘텐츠가 재생 *리모컨의 버튼을 사용하여 콘텐츠를 조작 가능 *콘텐츠를 종료->리모컨의 전원 버튼 클릭

전자책	전원 켜기->전자책의 홈 화면->원하는 책을 선택->선택한 책이 열림
	  *화면을 터치하여 책을 조작 가능
	  *책을 종료->화면의 전원 버튼 클릭

웨어러블 기기	*터치스크린->손가락으로 화면을 터치(기기 조작) *버튼->기기에 있는 버튼을 사용 *센서->기기에 있는 센서를 통해 조작 *음성 명령을 통해 기기 조작이 가능
게임기	*조이스틱 *버튼 *컨트롤러 *터치스크린 위 4가지 도구를 통해 게임을 실행할 수 있음

3. 디지털 기기 사용에 대한 FAQ

디지털 기기, 이런 점이 궁금하다. (4가지로 정리)

어떻게 사용해야 하나요? (30%)
안전하게 사용하려면 어떻게 해야 하나요? (25%)
잘 활용하려면 어떻게 해야 하나요? (20%)
중독되지 않도록 하려면 어떻게 해야 하나요? (25%)

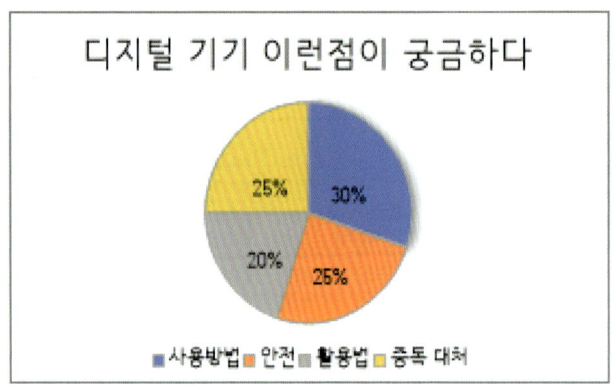

4 디지털 기기 사용에 대한 팁

Q:디지털 기기는 어떻게 사용하면 좋을까?

 디지털 기기를 사용하기 위해서는 먼저 기기의 기본적인 조작 방법을 익히는 것이 중요하다. 기기의 설명서를 참고하거나 인터넷에서 기기의 사용법을 검색하면 기기의 기본적인 조작 방법을 익힐 수 있다. 기기의 기본적인 조작 방법을 익히면 기기를 더욱 편리하게 사용할 수 있다.

Q:디지털 기기를 잘 활용하기 위한 주의 사항은?

기기의 기능을 익히고, 다양한 기능을 활용한다.
교육, 업무, 여가 등 다양한 용도로 활용한다.
새로운 지식과 정보 얻는다.
다른 사람들과 소통한다.
창의력을 발휘한다.

Q:디지털 기기를 사용할 때 개인 정보를 보호하려면 어떻게 해야 하나요?

디지털 기기를 사용할 때 개인 정보를 보호하려면 다음과 같은 사항을 주의한다.
-강력한 비밀번호를 사용한다.
-개인 정보를 공유하지 않는다.
-앱을 설치하기 전에 앱의 개인 정보 취급 방침을 확인한다.
-컴퓨터와 스마트폰의 보안 설정을 강화한다.
-컴퓨터와 스마트폰을 해킹당하지 않도록 주의한다.

 인터넷 사용 어렵지 않아요

1 인터넷 얼마나 알고 있니?

인터넷이란 전 세계의 컴퓨터와 기기들을 연결하는 네트워크이다. 인터넷을 통해 우리는 다양한 정보를 얻고, 사람들과 소통하고, 새로운 경험을 할 수 있다.

인터넷의 기능

*교육을 받을 수 있다.

*온라인 쇼핑을 할 수 있다.

*영화, 음악, 책 등을 감상할 수 있다.

*친구, 가족, 지인들과 연락을 유지할 수 있다.

*뉴스, 날씨, 주식 등 다양한 정보를 얻을 수 있다.

*업무효율화를 위해 꼭 필요한 기능이다. 인공지능이 탑재되어 생성형 AI를 활용한 다양한 활동이 가능하다.

2 크롬 친구, 웨일, 엣지 들어봤니?

	구글 크롬	네이버 웨일	마이크로소프트 엣지
개발사	구글	네이버	마이크로소프트
출시일	2008년 9월 2일	2016년 10월 26일	2015년 1월 21일
기본 엔진	크로미움	크로미움	크로미움
대표 기능	빠른 속도, 다양한 확장 프로그램 *싱크기능 웹 브라우저에서 사용자들의 데이터를 동기화하는 기능	클라우드 기반 웨일 에디터 *멀티태스킹 한 번에 여러 가지 일을 하는 것	개인 정보 보호 *에어로스피드 웹 페이지를 빠르게 로드하는 기능 *엣지 익스텐션 웹 브라우저의 기능을 확장하거나 새로운 기능을 추가하는 것
장점	빠르고 안정적, 다양한 확장 프로그램, 싱크 기능	클라우드 기반으로 언제 어디서나 사용할 수 있음, 멀티태스킹 기능 지원, 웹 페이지 편집 기능 제공	개인 정보 보호 기능이 우수함, 에어로스피드 기능으로 웹 페이지를 빠르게 로드함, 엣지 익스텐션으로 다양한 기능을 추가할 수 있음
단점	개인 정보 보호 기능이 다소 부족함, 웨일 에디터 기능이 크롬의 에디터 기능에 비해 다소 부족함	빠르고 안정적이지 못함, 다양한 확장 프로그램이 지원되지 않음, 싱크 기능이 크롬에 비해 다소 부족함	익숙하지 않은 사용자에게 다소 어려울 수 있음, 크롬이나 웨일과 비교하면 기능이 다소 부족함

구글 크롬, 네이버 웨일, 마이크로소프트 엣지는 모두 크로미움 엔진을 기반으로 하는 웹 브라우저이다. 크로미움 엔진은 구글 크롬에서 개발한 오픈 소스 웹 브라우저 엔진으로, 빠른 속도와 다양한 확장 프로그램으로 유명하다.

구글 크롬은 가장 인기 있는 웹 브라우저 중 하나로, 빠른 속도와 다양한 확장 프로그램, 싱크 기능을 제공한다. 네이버 웨일은 네이버에서 개발한 웹 브라우저로, 클라우드 기반으로 제공되며, 멀티태스킹 기능과 웨일 에디터 기능이 특징이다.

마이크로소프트 엣지는 마이크로소프트에서 개발한 웹 브라우저로, 개인 정보 보호 기능이 우수하며, 에어로스피드 기능으로 웹 페이지를 빠르게 로드한다. 각 웹 브라우저는 각각의 장단점이 있으므로, 사용자의 필요에 따라 선택하는 것이 좋다.

3 인스타그램 릴스, 틱톡, 유튜브

최근 트렌드 수익화 전략
인스타그램 릴스, 틱톡, 유튜브는 모두 모바일 동영상 플랫폼으로, 짧은 영상을 공유하고 시청하는 사람들이 많다. 이 플랫폼들은 최근 몇 년 동안 급속도로 성장해왔으며, 이제는 전 세계적으로 수십억 명의 사용자가 있다.

■인스타(릴스), 틱톡, 유튜브 수익화 조건

종 류	내 용
인스타그램 2023.07.07 기준	만든지 30일 이상 된 계정 최근 30일 이내에 5개 이상의 릴스 업로딩 최근 30일 이내에 재생횟수가 10만뷰 이상 페이스북의 수익화 정책에 지속적으로 준수 비즈니스 또는 크리에이터 계정
틱톡 2023.11.27 기준	만 18세이상 최소 5만명 이상의 팔로워 지난 30일간 동영상 조회수가 100,000회 이상 1분 이상의 영상을 제작
유튜브 2023.10.19 기준	구독자 수 500명 지난 90일간 공개 동영상 업로드 3회 1년 조회수 3,000시간 지난 90일간 공개 Shorts 동영상의 조회수 300만 회

이러한 플랫폼들은 기업들이 새로운 고객을 유치하고, 브랜드를 홍보하고, 매출을 올리는 데 유용한 도구가 될 수 있다. 또한, 이 플랫폼들은 개인들이 자신의 창의성을 표현하고, 다른 사람들과 소통하는 데에도 도움이 될 수 있다.

이러한 조건을 충족하면 해당 플랫폼에서 광고를 게재할 수 있다. 광고를 통해 수익을 얻을 수 있는 금액은 광고의 종류, 시청 시간, 클릭 수 등에 따라 달라진다.

이 세 플랫폼의 수익화 조건을 비교해 보면, 유튜브가 가장 까다로운 조건을 요구한다. 그러나 유튜브는 가장 많은 잠재 시청자를 보유하고 있으므로, 유튜브에서 수익을 창출할 수 있다면 가장 많은 이익을 얻을 수 있다.

인스타그램 릴스와 틱톡은 유튜브보다 수익화 조건이 덜 까다롭지만, 유튜브만큼 많은 잠재 시청자를 보유하고 있지 않다. 따라서, 인스타그램 릴스와 틱톡에서 수익을 창출하려면, 많은 팔로워와 '좋아요'를 확보해야 한다.

이 세 플랫폼의 수익화 조건을 비교해보면, 유튜브가 가장 많은 수익을 창출할 수 있는 플랫폼이지만, 인스타그램 릴스와 틱톡도 충분히 수익을 창출할 수 있는 플랫폼이다. 따라서, 자신이 어떤 플랫폼을 통해 수익을 창출할지 선택할 때는 자신의 목표와 타겟 고객을 고려하는 것이 좋다.

디지털 기기를 활용한 취미 활동

3-1 사진과 동영상 촬영 이것만 알면 OK

우리가 디지털 기기에서 가장 많이 사용하는 기능은 아마도 사진과 동영상 촬영이 아닌가 싶다. 예전에는 필름을 넣어 사진을 찍었지만 디지털카메라가 나온 이후로는 언제 어디서든 사진을 찍기가 쉬워졌다.

현재는 손에 들고 있는 가벼운 스마트폰 하나만으로도 멋진 사진을 충분히 찍을 수 있게 되었다. 이 부분에서는 사진과 동영상 촬영을 통해 취미 활동을 하는 방법을 알아보고 사진과 동영상을 찍는 꿀 팁도 알아본다.

■ 사진과 동영상을 찍을 때 알면 좋을 꿀 팁

카메라의 기본 기능을 이해하자.

● 카메라의 기본 기능을 이해하면 자신의 취향에 맞는 사진을 찍을 수 있다. 카메라의 설정과 기능을 이해하면, 사진의 분위기와 느낌을 조절할 수 있다.

● 카메라 모드에는 인물사진, 배경 사진, 동영상 등 카메라에 대한 기본 촬영 모드가 있으니 그 모드를 선택해서 카메라 기본 기능으로 충분히 사진과 동영상을 촬영하여 감을 익힌다.

빛을 활용하자.

● 빛은 사진의 분위기를 결정한다. 자연광을 활용하거나 조명 장비를 사용해 다양한 분위기의 사진을 연출하자.

● 사진의 주제에 따라 적합한 빛을 선택하는 게 좋다. 인물 사진을 찍을 때는 부드러운 빛을 사용하고, 풍경 사진을 찍을 때는 강한 빛을 사용한다.

● 빛의 방향에 따라 사진의 분위기가 달라진다. 예를 들어, 측면에서 빛을 받으면 사진이 입체적으로 보이고 위에서 빛을 받으면 사진이 밝고 경쾌하게 보인다. 이 점에 착안하여 빛을 활용하면 좋다.

---

*황금비율은 1.618:1의 비율
자연계에서 많이 발견되며 아름다움과 조화의 상징

*황금비율을 사진과 동영상에 적용하는 방법
사진과 동영상의 프레임을 황금비율로 나누는 것 프레임을 9등분 한 후, 3등분 된 선을 기준으로 사진과 동영상의 피사체를 배치

사진과 동영상의 피사체를 황금비율에 맞는 위치에 배치하는 것
예를 들어, 피사체를 프레임의 왼쪽 ⅓에 배치하고, 나머지 ⅔에 배경을 배치하는 것

구도를 신경 쓰자.

●구도는 사진의 안정감과 균형을 결정한다. 다양한 구도를 시도해 보면서, 가장 효과적인 구도를 찾자.

●황금비율을 활용하면 좋다. 황금비율은 사진에 안정감과 균형을 주어 더욱 멋지게 보이게 한다.

●삼각형 구도를 활용하자. 삼각형 구도는 사진에 안정감과 균형을 주어 더욱 멋지게 보이게 한다.

●다양한 시선 처리를 활용하자. 사진에 시선이 집중되도록 다양한 시선 처리를 활용자.

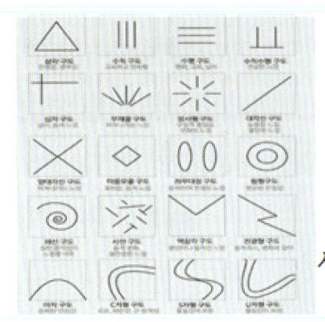

사진의 기본구도(네이버)

자신의 개성을 표현하자.

●사진을 찍는 것은 자기 생각과 감정을 표현하는 방법이다. 자신의 개성을 살려서 독특한 사진을 찍자.

 ## 동영상 편집 앱 TOP 5

동영상 편집은 자기 생각과 경험을 다른 사람들과 공유하는 좋은 방법이다. 또한, 동영상 편집은 창의력을 발휘하고, 새로운 기술을 배우는 좋은 기회가 될 수 있다.

쉽고 재미있게 접근 가능한 동영상 편집 앱 TOP 5
5위 VLLO - 4위 InShot - 3위 VivaVideo - 2위 KineMaster - 1위 CapCut

이러한 앱은 모두 무료로 사용할 수 있으며, 다양한 기능을 제공한다. 또한, 사용하기 쉬우므로, 동영상 편집을 처음 시작하는 분들에게도 적합하다. 각 앱의 특징은 다음과 같다.

TOP 5_VLLO

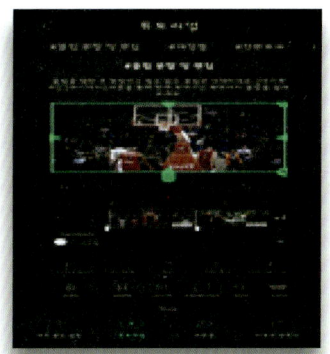

VLLO

VLLO의 기능

동영상 자르기, 붙이기, 회전하기
동영상에 음악, 효과, 자막 추가하기
동영상에 필터, 스티커, 텍스트 추가하기
동영상을 트렌디한 스타일로 만들기
동영상을 SNS에 공유하기
VLLO는 사용하기 쉽다.

동영상 편집방법

VLLO를 열고, 동영상을 가져온다.
동영상을 편집하고, 원하는 효과를 추가한다.
동영상을 저장하고, SNS에 공유한다.
VLLO는 다양한 기능을 제공하고, 사용하기 쉬우므로, 동영상 편집을 처음 시작하는 분들에게도 추천한다.

TOP 4_In Shot

InShot

In Shot의 기능

동영상 자르기, 붙이기, 회전하기
동영상에 음악, 효과, 자막 추가하기
동영상에 필터, 스티커, 텍스트 추가하기
동영상을 트렌디한 스타일로 만들기

동영상 편집방법

In Shot을 열어 동영상을 편집하고, 원하는 효과를 추가한다.
동영상을 저장하고, SNS에 공유한다.
InShot은 다양한 기능을 제공하고, 사용하기 쉬우므로, 동영상 편집을 처음 시작하는 분들에게도 추천한다.

TOP 3_Viva Video

Viva Video

In Shot의 기능

중국의 QuVideo Technology Co., Ltd.에서 개발한 무료 모바일 동영상 편집 애플리케이션 동영상 자르기, 붙이기, 회전하기, 음악 추가, 효과 추가, 자막 추가, 필터 추가, 스티커 추가, 텍스트 추가, 동영상을 트렌디한 스타일로 만들기, 동영상을 SNS에 공유하기 등이 가능하다.

VivaVideo 사용방법

VivaVideo를 열고, 동영상을 가져오기
동영상을 편집하고, 원하는 효과를 추가
동영상을 저장하고, SNS에 공유
동영상 편집을 처음 시작하는 분들에게도 추천

TOP 2_Kine Master

  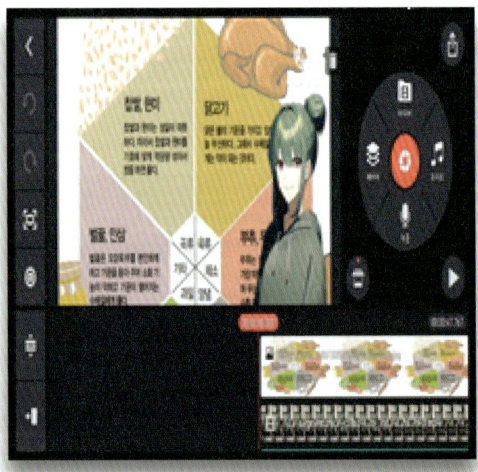

Kine Master

KineMaster는 VLLO, InShot, VivaVideo보다 더 전문적인 기능을 제공한다. 또한, 다양한 트랜지션과 효과를 제공하여, 동영상을 더욱 멋지게 만들 수 있다.

●KineMaster의 특별한 기능

다중 트랙 : 동영상, 이미지, 음악, 오디오 및 텍스트를 한 번에 편집 가능

키프레임 애니메이션 : 동영상의 속도, 위치, 크기 및 투명도를 변경 가능

트랜지션 : 동영상을 부드럽게 전환가능

효과 : 다양한 효과를 사용하여 동영상에 시각적 효과를 추가가능

필터 : 다양한 필터를 사용하여 동영상의 색상과 분위기를 변경가능

녹음 : 영상에 오디오를 녹음 가능

자막 : 동영상에 자막을 추가가능

■TOP 1_CapCut

CapCut

CapCut은 TikTok에서 개발한 무료 동영상 편집 앱이다.
다양한 기능을 제공하여 누구나 쉽게 동영상을 편집하고 공유할 수 있다.

●CapCut의 차별화된 기능

다양한 유행을 따르는 효과 : 다양한 유행을 따르는 효과를 제공하여 동영상을 더욱 멋지게 만들 수 있다.

간편한 사용 : 사용하기 매우 간편하여 초보자도 쉽게 동영상을 편집할 수 있다.

빠른 속도 : 동영상 편집 속도가 매우 빠르므로, 빠르게 동영상을 편집하고 공유할 수 있다.

3-2 동영상 편집 앱 TOP 5

줌 (ZOOM)

코로나 시대를 겪은 우리는 비대면으로 수업도 듣고 업무를 하는 경우가 많아졌다. 온라인 강의 앱은 다양하지만 그중에서 가장 일반적으로 쓰고 있는 줌(zoom)이라는 플랫폼을 예시로 들어 온라인 강의 참여 방법을 설명해 보려고 한다.

●검색창에 줌(zoom)이라고 쓴다.

초대링크

● 줌 회의 참가하는 방법

1. 왼쪽 초대링크에서 파란색 링크 클릭
2. 오른쪽 회의 참가란에 회의 ID나 링크 이름을 입력

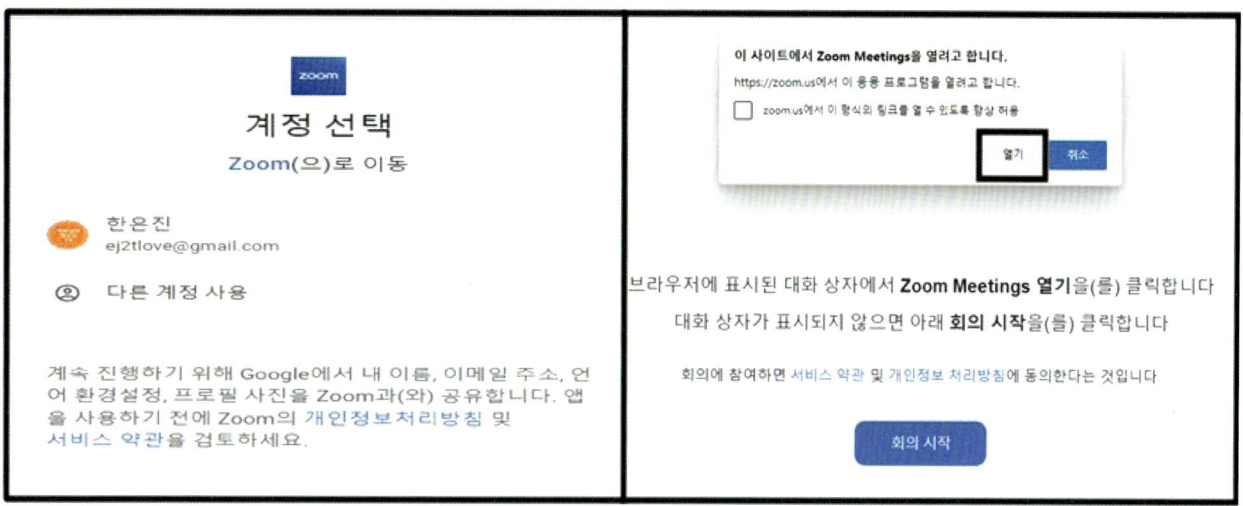

내가 주최 할 경우 계정 로그인하고 들어가기

● 줌 강의에서 이름 바꾸는 방법

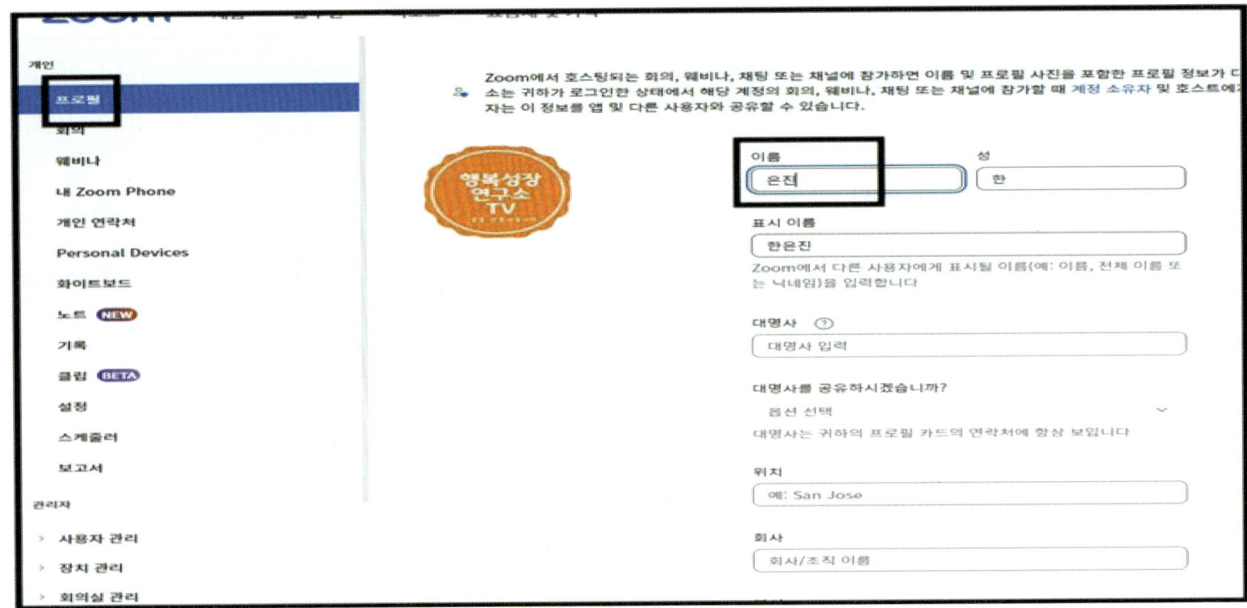

줌 앱을 열고, 화상회의에 참여->화면 하단의 "프로필 사진"을 클릭->"프로필"을 클릭->편집 누르고 "이름"을 입력하고, "저장"을 클릭
이렇게 하면 줌 화상회의에서의 이름이 바뀐다.

●줌 강의 실전

준비물
-컴퓨터 또는 노트북
-인터넷 연결
-마이크와 스피커
-강의 자료

참여 방법
-컴퓨터 또는 노트북을 켜고 인터넷에 연결
-강의 사이트에 접속
-강의 자료가 제공된 경우 미리 다운로드
-강의가 시작되면 마이크와 스피커를 켜고 강의를 시청
-질문이 있는 경우 채팅창을 통해 질문
-강의가 끝나면 강의 자료를 정리

MEMO

PART 7

오디놀(하루 5분 디지털 놀이터)

유 순 호

평생 학습을 통해 매일 성장하고 있는 작가다. 초등학교 학력이라는 콤플렉스를 극복하고자 40대에 고입검정고시, 60대 중반에 경복방송통신고등학교를 졸업했다. 배움의 즐거움을 깨닫고 디지털 서울문화예술대학을 다녔으며, 70대에 예명대학원대학교 석사, 박사과정을 수료하여 76세에 사회복지학 박사가 되었다. 현재에도 스마트폰 활용 등 다양한 분야를 배우며 성장하고 있다.

■ 자격 및 수상

노인 두뇌 훈련지도자 1급 (2020, 대한 치매 예방협회)
사회복지사 2급 (2018, 보건복지부 장관)
노인심리상담사 1급 자격증 (2018, 주 한국 직업능률협회)
초원 장한 어머니상 (2022, 재단법인 초원장학회)
제5회 세계 칭찬의 날 대한민국 칭찬공로 대상 (2022, 칭찬문화 세계화본부)
세계 여성의 날 격려 상 (2022, 세계 여성 경영인위원회)
제19회 대한민국 청소년 대상 祭典 지도자 부문 문화 대상 (2021, 한국 청소년신문사)

■ 출간 이력

배움은 은퇴가 없다(2022, 공감)
쪼가 있는 사람들의 결단 공저(2021, 공감)
내 나이 일흔 줄 배움에서 찾은 행복(2019, 월간출판)

■ SNS채널

블로그 https://blog.naver.com/ysh7078
유튜브 https://www.youtube.com/@YTK0225
이메일 ysh7078@naver.com

CONTENTS

오디놀 의 특징   117

오디놀 디지털 학습터의 장점   118

오디놀 기본 사용방법   119

오디놀을 활용한 교육   128

오디놀의 특징

오디놀은 2017년에 한국교육학술정보원(KERIS)에서 개발한 디지털 리터러시란 교육 프로그램으로 만들어진 기기이다.

디지털 기기의 기본 기능과 활용 방법을 배우고, 디지털 윤리와 사이버 보안, 게임, 동영상, 퀴즈 등 다양한 콘텐츠를 통해 재미있게 디지털 기기를 배울 수 있도록 설계되어 남녀노소 누구나 즐길 수 있는 디지털 놀이터다.

오디놀은 다음과 같은 특징을 가지고 있다.

① 다양한 주제: 오디놀은 디지털 기기의 제작, 창의성 발휘, 소통 등 다양한 주제를 다루고 있다.
② 안전하고 효과적인 사용: 오디놀은 디지털 기기를 안전하고 효과적으로 사용할 수 있다.
③ 디지털 소통력 강화: 오디놀은 디지털 기기를 통해 새로운 것을 배우고, 가족과 친구, 나아가 세계적으로 소통할 수 있다.
④ 디지털 오디놀은 디지털 학습 과정을 놀이로 즐기자는 취지에서 만들어진 프로그램을 안드로이드 플레이스토어(play store)에서 오디놀 앱을 다운받아서 활용할 수 있다.

100세까지 디지털 역량을 꾸준히 즐기자는 배움의 열정이 담긴 프로그램이다. 청소년부터 실버세대까지 디지털 기기와 새로운 기술에 친숙해지는 데 도움이 된다. 이런 학습 방법은 다음과 같은 과정으로 이루어진다.

*기초 교육: 교육생들에게 스마트폰의 기본 기능과 사용법에 대해 가르친다. 터치스크린 사용법, 앱 실행 방법, 등을 단계별로 설명하여 디지털 기기 사용에 대한 부담을 줄인다.

*사용자 친화적 인터페이스: 학습 앱이나 웹사이트를 개발할 때, 교육생들을 고려하여 사용자 친화적인 인터페이스를 제공한다. 큰 아이콘, 명확한 텍스트, 간단한 메뉴 등으로 교육생들이 직관적으로 학습 자료에 접근하고 활동을 선택할 수 있도록 한다.

*놀이 요소 추가: 학습 앱이나 웹사이트에 놀이 요소를 추가하여 학습을 즐거운 경험으로 만든다. 예를 들어, 학습 게임, 퀴즈, 퍼즐 등을 통해 적극적인 참여를 유도한다. 학습이 놀이로 느껴지면 교육생들이 더욱 즐겁게 지식을 습득할 가능성이 높다.

*진도 조절: 학습 앱이나 웹사이트는 교육생들의 학습 속도와 관심사에 따라 학습 진도를 조절할 수 있도록 설계되어야 한다. 자기 페이스에 맞춘 학습을 통해 교육생들이 스트레스 없이 지식을 습득하고 자신감을 갖게 된다.

*포상 및 인센티브: 성취를 인정하고 포상하는 요소를 학습 앱에 추가하여 학습 동기를 높인다. 레벨 업, 배지 획득 등을 통해 교육생들이 학습을 지속하는 동기부여를 얻을 수 있다.

 오디놀 디지털 학습터의 장점

오디놀 디지털 학습터의 장점은 다음과 같다.

① 디지털 기기의 기본 기능과 활용 방법을 배우는 데 도움이 된다.
② 창의성 발휘 교육을 제공한다.
③ 디지털 기기를 사용하여 삶을 풍요롭게 하고 싶은 사람에게 좋다.
④ 디지털 기기를 사용하여 여가를 즐기고 싶은 사람에게 좋다.
⑤ 소통 교육을 제공한다.
⑥ 디지털 기기를 안전하고 효과적으로 사용하는 방법을 알려준다.
⑦ 재미있는 콘텐츠를 제공한다.
⑧ 다양한 주제를 다룬다.
⑨ 남녀노소 누구나 참여할 수 있다.
⑩ 무료로 이용할 수 있다.
⑪ 온라인으로 이용할 수 있다.
⑫ 스마트폰, 태블릿 PC, PC 등 다양한 기기에서 이용할 수 있다.
⑬ 디지털 기기를 안전하고 효과적으로 사용하는 방법을 배우고 싶은 사람에게 좋다.
⑭ 디지털 기기를 처음 접하는 사람에게 좋다.
⑮ 디지털 기기를 더 잘 활용하고 싶은 사람에게 좋다.

오디놀 기본 사용 방법

오디놀을 검색하면 사용 설명과 함께 이미지, 동영상, 게임 등 다양하게 나온다. 여기서 하나씩 선택해서 참여하기를 클릭하면 사용법을 직접 체험하며 재미있게 배울 수 있다.

오디놀 앱 다운받기

1. 스마트폰 플레이 스토어나 앱 스토어에서 아래 왼쪽 그림처럼 '오디놀'을 입력하면 설치가 나오고 설치 완료되면 열기를 터치하여 앱을 다운받는다.

2. 오디놀 앱을 터치하여 아래 가운데 그림처럼 본인 이름, 전화번호를 입력 후 로그인하면 오디놀 '키오스크 학습터', '디지털 학습터', '건강 놀이터'가 나온다.

  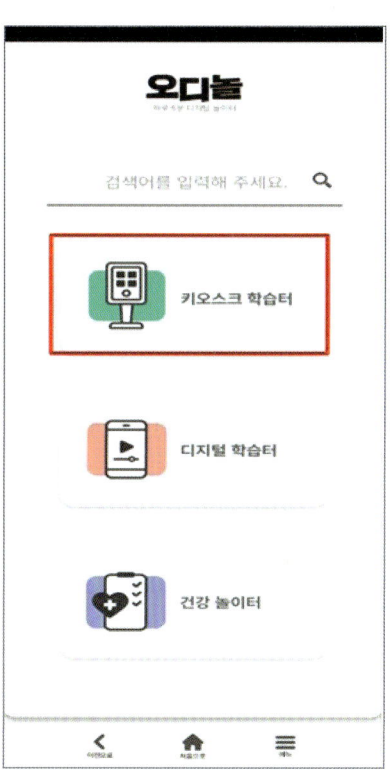

먼저 오디놀 키오스크 학습터를 체험해 보자.

키오스크 학습터를 터치하면, 아래 왼쪽 그림처럼 '음식점', '카페', '생활편의', '금융'이 나온다.

음식점을 터치하면, '얌샘김밥', '싸다 김밥', '맥도날드', 'BURGER KING' 아래로 메뉴가 계속 나온다. 검색어에 원하는 메뉴 입력해도 된다.

음식점 터치하고 얌샘 김밥을 터치하면 아래 그림처럼 얌샘 김밥이 나온다.

1. 매장 & 포장을 선택하고 오른쪽 방향 표시를 터치한다.
2. 화면에 메뉴를 선택한다.
3. 상단 메뉴에 음료, 분식, 식사, 등 확인하고 고른다.
4. 화살표 방향으로 이전 메뉴, 다음 메뉴를 고른다.

5. 원하는 메뉴와 개수를 선택하고 닫기를 누른다.
6. 주문한 메뉴 확인 후 주문 버튼 터치한다.
7. 주문 내용 확인 후 카드 결제 버튼 터치한다.
8. 키오스크 하단 카드 리더기에 카드를 넣는다.
9. 주문 번호를 확인하고 카드와 영수증을 수거한다.

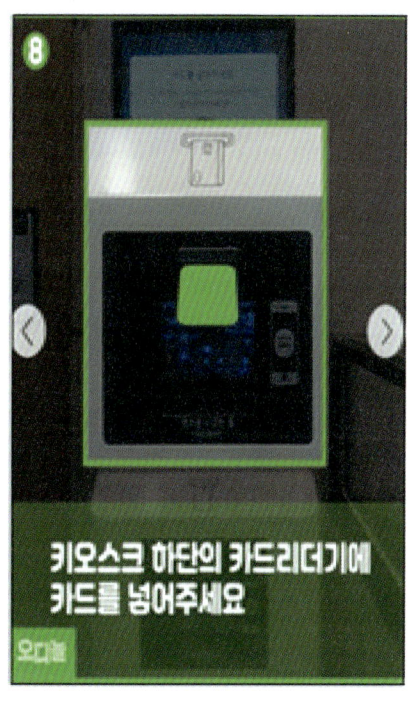 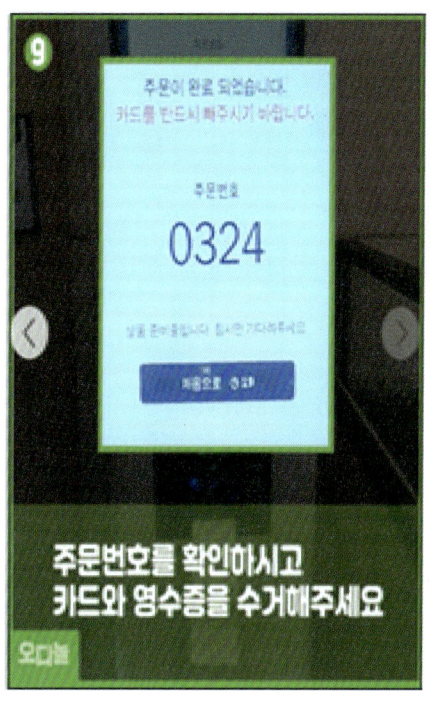

다음은 맥도널드를 터치한 이미지이다.

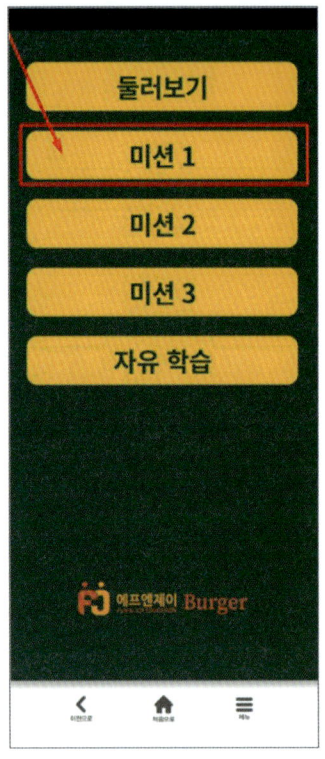

① 맥도널드 터치하면 그림처럼 체험하기를 터치하고 미션1을 터치한다. 차례대로 미션 2, 미션 3, 자유 학습을 터치하고 체험해 본다

② 미션1을 터치하면 그림처럼 나온다. 그림처럼 주문표시를 터치하면 가운데 그림처럼 '매장에서 식사'와 테이크아웃을 선택한 다음 원하는 메뉴를 선택하고 다음을 터치한다.

③ 왼쪽 그림에는 치킨버거 하나, 콜라 하나를 주문한 그림이다. 다음을 터치하면 치킨버거 5,500원, 콜라 1,500원, 총금액이 7,000원이다.

④ 주문 내역과 금액을 확인하고 결제하기를 터치하면 카드로 결제하기가 나오고 결제가 끝나면 위 오른쪽 그림처럼 미션성공이라고 나온다. 위와 같은 방법으로 '버거킹', '롯데리아', 'KFC 패스트푸드', '노브랜드버거'도 체험해 본다.

다음은 생활편의를 터치한 이미지이다.

⑤ 생활편의를 터치하면 병원 서비스, 민원 서비스(초본발급), 고속버스예매등을 선택할 수 있다. 화면을 위로 올리면 가운데 그림처럼 CGV, 주차 요금 정산, 시외버스 예매, SRT 승차권 예매, 미생물 키오스크가 나온다.

위와 같은 방식으로 카페, 금융분야도 같은 방법으로 적용 가능하다.

⑥ 음식점에서는 키오스크를 통해서 음식 주문과 결제를 할 수 있다. 대기 시간을 단축하고, 손님들은 키오스크를 통해 메뉴를 미리 확인하고 주문 결제할 수 있어 편리하다.

오디놀 디지털 학습터의 혁신적인 변화

① 아래 그림은 디지털 학습터 그림이다. 디지털 기초, 디지털 활용, 디지털 실생활, 디지털 범죄예방이 나온다. 디지털 기초 터치하면 아래 가운데 그림과 같다. 화면을 위로 밀어 올리면 아래 오른쪽 그림처럼 디지털 여행, 카카오톡, 스마트폰 기초 화면이 나온다.

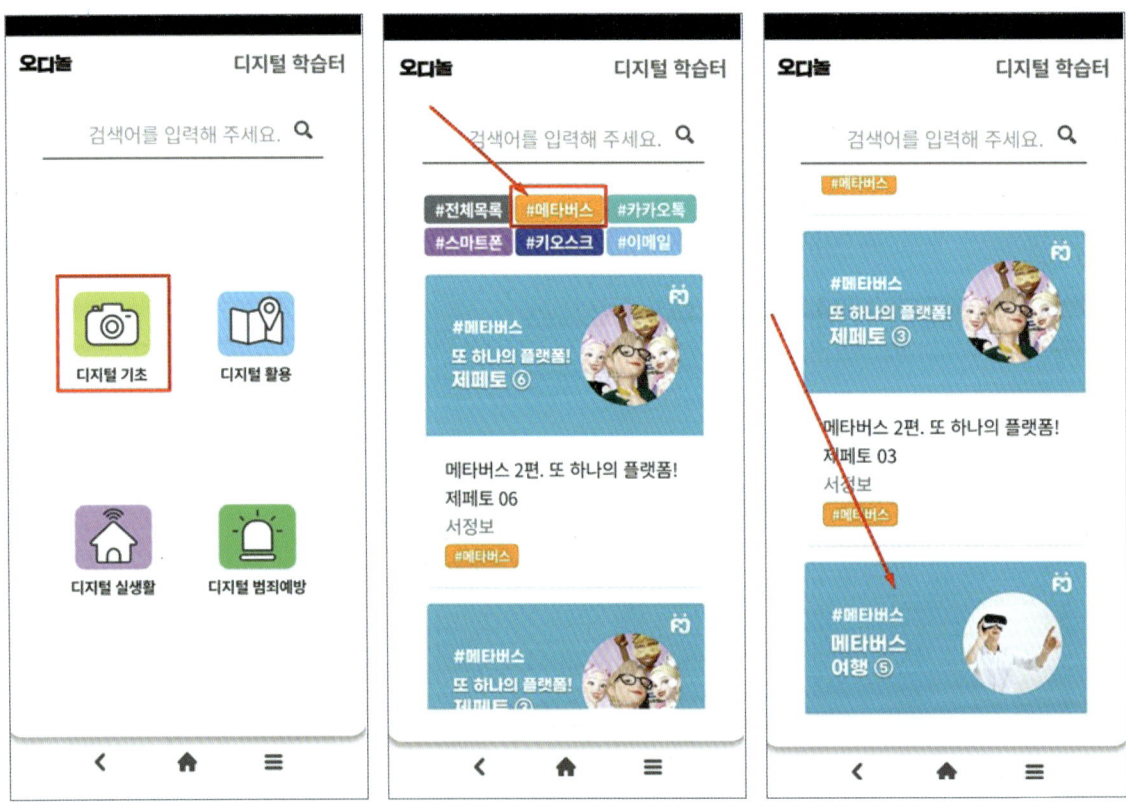

② 디지털 기초를 터치하면 가운데 그림처럼 전체목록에 메타버스, 카카오톡, 스마트폰, 키오스크, 이메일이 있다. 메타버스를 터치하고 화면을 위로 밀어 올리면 메타버스, 카카오톡, 스마트폰, 키오스크, 이메일이 차례로 나오고 해당 메뉴를 터치하면 체험할 수 있다. 유튜브 설명 영상도 제공하고 있다.

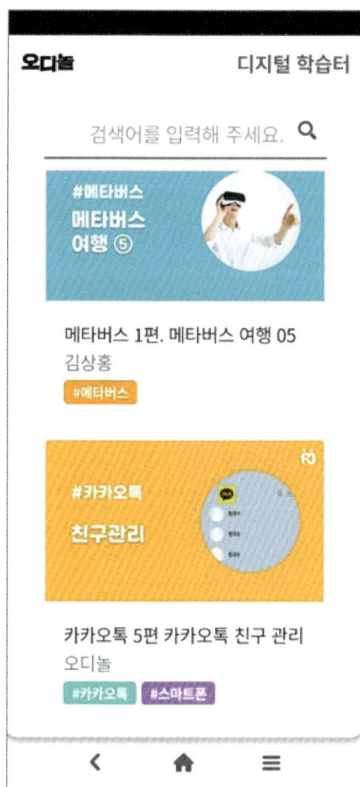  

③ 화면을 위로 밀어 올리면 아래 그림과 같이 많은 자료가 계속 나온다. 유튜브 영상도 시청 가능하다. 기본 사용 방법을 익혀 실생활에 적용한다.

PART7 오디놀(하루 5분 디지털놀이터)　125

오디놀 건강 놀이터

건강 놀이터를 터치하면 아래 왼쪽 그림처럼 오디놀 건강 자가 진단 테스트에 치매테스트, 우울증 테스트가 나온다. 치매 테스트를 터치하면 가운데 그림같이 OX 퀴즈 15문항 중 첫 번째 문항이 나온다. 차례대로 15문항까지 체험한다.

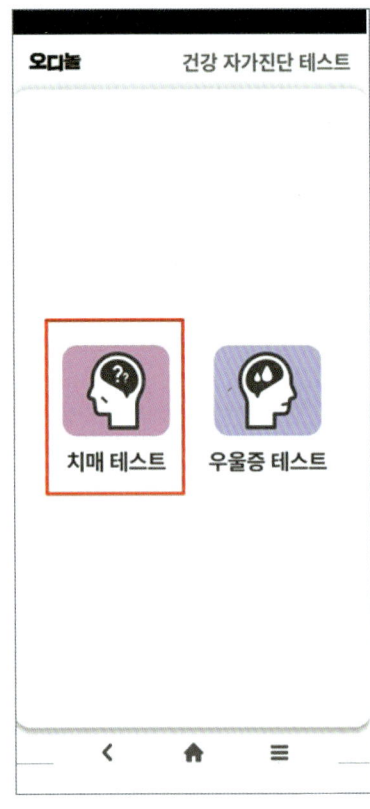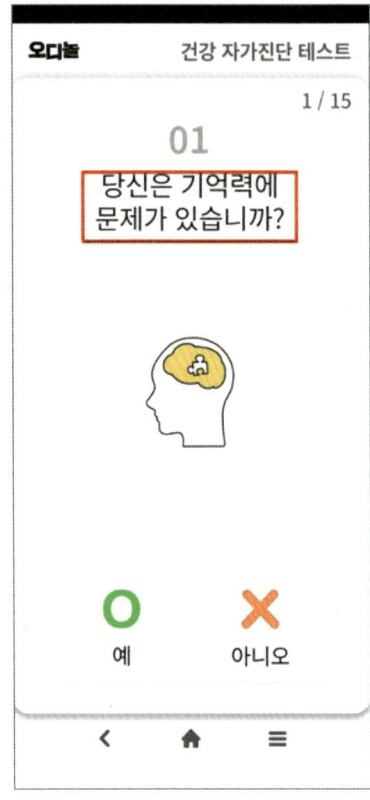

치매 테스트를 터치할 경우 건강 자가진단 테스트 15문항 중 화면에 보이는 첫 번째, 두 번째 이미지이다.

*디지털 학습의 새로운 패러다임 : 혁신적인 학습 방식으로, 기존의 책과 수업 중심의 학습 방식을 대체한다.
 *생동감 있는 학습 : 학생들의 적극적인 참여를 유도하고, 학습에 대한 흥미를 유발한다
 *학습 경로의 다양성 : 다양한 학습 경로를 제공하며, 각 학생의 특성에 맞게 학습할 수 있도록 한다
 *높은 만족도와 성과 : 학생들의 만족도를 높이고, 성과를 향상할 수 있는 학습 방식이다
 *개인화된 학습 : 학생들의 능력과 흥미에 맞게 학습을 제공하여, 더욱 효과적인 학습을 할 수 있도록 돕는다
 *시간과 장소의 유연성 : 인터넷을 통해 언제 어디서든 학습할 수 있다
 *학습 결과 평가와 개선 : 오디놀 디지털 학습터는 학습 결과를 실시간으로 평가하고, 개선할 기회를 제공한다.

치매 건강 자가진단 테스트

1) 당신은 기억력에 문제가 있습니까? 예 & **아니오**

2) 당신의 기억력은 10년 전에 비해 저하되었습니까? 예 & 아니오

3) 당신은 기억력이 동년의 다른 사람들에 비해 나쁘다고 생각합니까? 예 & 아니오

4) 당신은 기억력 저하로 일상생활에 불편을 느끼십니까? 예 & 아니오

5) 당신은 최근에 일어난 일을 기억하는 것이 어렵습니까? 예 & 아니오

6) 당신은 며칠 전에 나눈 대화 내용을 기억하기가 어렵습니까? 예 & 아니오

7) 당신은 며칠 전에 한 약속을 기억하기가 어렵습니까? 예 & 아니오

8) 당신은 친한 사람의 이름을 기억하기 어렵습니까? 예 & 아니오

9) 당신은 물건 둔 곳을 기억하기 어렵습니까? 예 & 아니오

10) 당신은 이전에 비해 물건을 자주 잃어보니까? 예 & 아니오

11) 당신은 집 근처에서 길을 잃은 적이 있습니까? 예 & 아니오

12) 당신은 가게에서 사려고 하는 두, 세 가지 물건의 이름을 기억하기 어렵습니까?

13) 당신은 가스 불이나 전깃불 끄는 것을 기억하기 어렵습니까? 예 & 아니오

14) 당신은 자주 사용하는 전화번호(자신 혹은 자녀의 집)를 기억하기 어렵습니까?

치매 건강 자가진단 테스트

자가 진단 후 진단 결과를 확인할 수 있다.
치매 안심 단계 & 위험단계에 대해 다시 테스트할 수 있다.
우울증 테스트 체험도 치매 테스트와 같은 방법으로 체험할 수 있다.

오디놀 디지털 학습터와 기존 학습 방식의 차이점

개인화된 학습 경로 : 학생들의 수준과 관심사에 맞추어 개인화된 학습 경로를 제공한다.

생동감 있는 학습 : 다양한 학습 콘텐츠와 활동을 제공하여 학생들이 더욱 흥미롭고 참여도를 높일 수 있다.

시간과 장소의 유연성 : 언제 어디서든 연결할 수 있어 학생들이 자신의 시간에 맞게 학습할 수 있다.

학생 중심의 학습 방식 : 학생들이 학습의 주체가 되어 더욱더 체계적으로 학습할 수 있도록 돕는다.

오디놀을 활용한 교육

오디놀을 활용한 교육은 다음과 같은 곳에서 이루어진다. 학교, 도서관, 지역 주민 센터, 민간 기업, 비영리 단체 등에서 오디놀은 디지털 기기를 안전하고 효과적으로 사용하는 방법을 알려주는 디지털 리터러시 교육 프로그램으로 다양한 수강방법이 있다.

온라인 강좌는 다양한 플랫폼에서 제공되고 있으며, 무료로 제공되는 강좌도 많다. 유튜브에는 디지털 기기의 기본 기능과 활용 방법에 대한 동영상이 많다. 그 중 디지털 기기를 직접 사용하면서 기능과 활용 방법을 배우는 것이 가장 효과적이다.

디지털 기기의 기본 기능과 활용 방법을 배우는 것은 매우 중요하다. 디지털 기기를 안전하고 효과적으로 사용하기 위해서는 기본 기능을 이해하고, 활용 방법을 익히는 것이 중요하다.

PART 8

스마트폰, 궁금해? 답은 여기 있어!

김 혜 영

스마트폰 활용 교육 분야에서 혁신적인 기술과 사용자 친화적인 접근 방식으로 스마트폰의 다양한 기능을 효과적으로 전달하는 데 기여하고 있다. 학습자들의 디지털 격차를 해소하고, 스마트폰을 통해 삶의 질을 향상시키는 것을 목표로 강연 중이다.

■ 주요 경력 및 활동
스마트폰활용강사 (2023, 과학기술정보통신부)
스마트폰활용지도사1급 (2023, 과학기술정보통신부)

■ 출간 이력
그대라는 놀라운 기적 (행복한북창고, 2023)

■ SNS채널
블로그 https://blog.naver.com/i_onlyone
인스타 http://instagram.com/only_one9558
이메일 vega0804@naver.com

CONTENTS

스마트폰을 사용하는데 화면이 자꾸 옆으로 돌아가서 불편해요.	133
스마트폰을 보고 있으면 자꾸 화면이 점점 어두워져요.	134
실수로 사진이 지워졌는데 찾을 수 없나요?	135
사진찍을 때 하얀 동그라미가 화면에 돌아다녀요.	137
잘못 눌러서 설치된 앱은 어떻게 삭제하나요?	138
스마트폰 배터리 수명 연장 방법에 대해 알려줘.	140
스마트폰 저장공간 확보하는 방법도 알려줘.	141

스마트폰을 사용하는데 화면이 자꾸 옆으로 돌아가서 불편해요.

　스마트폰의 화면 자동 회전은 기기의 물리적 위치에 따라 화면 방향을 자동으로 조정하는 기능을 말한다. 이 기능이 활성화되면 휴대전화를 회전할 때 화면이 세로 모드와 가로 모드 간에 전환된다.

　자동 회전은 비디오를 보거나 이미지를 볼 때 보기 경험을 향상해 콘텐츠에 맞게 방향을 자동으로 조정한다. 특정 앱과 게임은 가로 모드를 사용하며, 자동 회전을 통해 세로 방향과 가로 방향 간에 원활하게 전환할 수 있다.

　때때로 전화기를 빠르게 움직이거나 비스듬히 들고 있을 때 우발적인 회전이 발생할 수 있다. 이는 감도 설정을 조정하거나 기능을 일시적으로 비활성화하여 관리할 수 있다. 자동 회전을 위해 센서를 지속적으로 사용하면 배터리 수명에 약간의 영향을 미칠 수 있다.

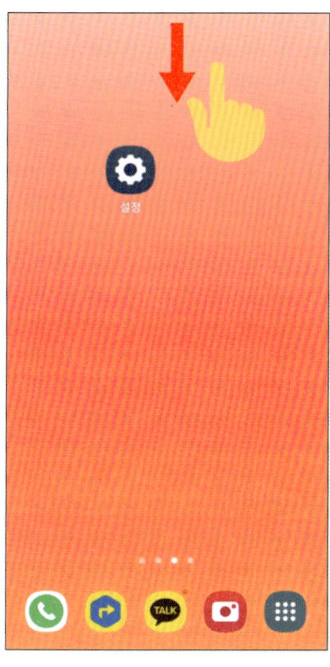  

① 화면 상단에서 아래로 스와이프하여 "빠른 설정" 패널을 내린다.
② 자동회전 아이콘을 찾아 누른다.
③ 아이콘이 비활성화 되면서 세로로 바뀐다.

　화면 자동 회전은 스마트폰을 잡는 방식에 맞게 디스플레이 방향을 조정하는 편리한 기능으로, 다양한 애플리케이션과 활동에서 보다 직관적이고 즐거운 사용자 경험을 제공한다.

 ## 스마트폰을 보고 있으면 자꾸 화면이 점점 어두워져요.

　스마트폰의 화면이 어두워지는 것은 화면꺼짐 시간을 짧게 설정했기 때문이다. 스마트폰의 화면 꺼짐 시간은 배터리 수명을 절약하고 장치가 유휴 상태일 때 불필요한 사용을 방지하기 위함이다. 화면이 자동으로 꺼지기 전까지 화면이 활성 상태로 유지되는 시간을 의미한다.

　사용자가 화면이 자동으로 꺼지기 전에 활성 상태로 유지되는 시간을 사용자 지정할 수 있다. 화면 꺼짐 시간이 짧을수록 사용하지 않을 때 화면이 켜져 있는 시간이 줄어들어 배터리 전원을 절약하는 데 도움이 될 수 있다. 화면이 장시간 켜져 있으면 배터리 소모에 큰 영향을 줄 수 있다.

　화면 끄기 시간이 짧을수록 사용하지 않을 때 전화기를 빠르게 잠그고 방치할 경우 무단 액세스의 위험을 줄여 보안을 강화할 수 있다.

　화면이 잠기기 전에 긴 시간을 허용하면 지속적인 모니터링이 필요한 작업의 경우 장치 잠금 해제 빈도를 줄일 수 있다. 화면 잠금 시간을 길게 선택하는 것이 더 편리할 수 있다. 설정을 조정함으로써 사용자는 배터리 수명 절약과 스마트폰 사용의 편의성 및 보안 보장 사이에서 균형을 맞출 수 있다.

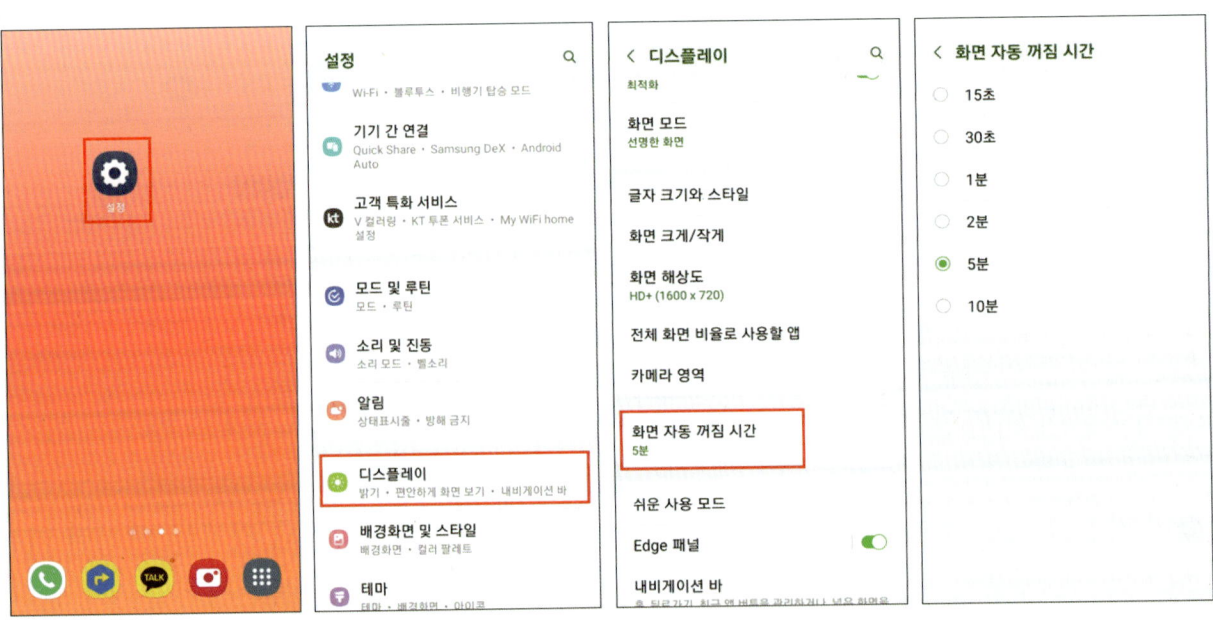

① 설정을 선택한다.
② 디스플레이를 선택한다.
③ 화면 자동 꺼짐 시간을 선택한다.
④ 사용자가 원하는 시간을 선택한다.

 실수로 사진이 지워졌는데 찾을 수 없나요?

실수로 지워진 사진은 휴지통에서 찾을 수 있다. 일부 장치에서 휴지통 또는 최근 삭제된 항목 폴더라고도 하는 갤러리 휴지통 기능은 스마트폰의 갤러리 앱 내에서 삭제된 사진 및 비디오를 위한 임시 저장소 역할을 하는 기능이다.

■ 휴지통 기능
*임시 저장소 : 갤러리에서 사진이나 비디오를 삭제하면 영구적으로 지워지는 대신 휴지통 또는 휴지통 폴더로 이동된다.
*검색 기간 : 휴지통에 있는 항목은 즉시 영구적으로 제거되지 않는다. 장치 및 설정에 따라 일반적으로 30일 동안 정해진 기간 동안 유지된다.
*복구 옵션 : 이 보존 기간 동안 사용자는 필요한 경우 휴지통에서 삭제된 사진과 비디오를 복구할 수 있습니다. 이는 실수로 삭제될 경우를 대비하여 안전망을 제공한다.

■ 고려 사항
*저장 용량 제한 : 휴지통 또는 휴지통 폴더의 저장 용량이 최대일 수 있습니다. 이 제한에 도달하면 가장 오래된 삭제된 항목이 자동으로 제거되어 새 삭제를 위한 공간을 만듭니다.
*영구 삭제 : 보존 기간이 만료된 후 삭제된 항목은 휴지통에서 영구적으로 지워지며 복구할 수 없습니다. 이런 일이 발생하기 전에 원하는 사진이나 비디오를 복원해야 한다.

■ 장점
*우발적 삭제 방지 : 휴지통은 실수로 삭제된 사진이나 비디오에 대한 보호 기능을 제공하여 사용자가 영구적으로 지워지기 전에 복원할 수 있는 기회를 제공한다.
*복구 편의성 : 외부 백업 솔루션에 의존하지 않고 실수로 삭제된 항목을 쉽게 복구할 수 있는 방법을 제공한다.

■ 사용 팁
*정기적으로 휴지통 확인: 정기적으로 휴지통을 검토하여 중요한 사진이나 비디오가 실수로 삭제되지 않았는지 확인한다.

*저장소 관리: 필요한 설정을 조정하거나 수동으로 휴지통을 비워 공간을 확보하는 것이 좋다.

*갤러리 휴지통 기능은 실수로 삭제된 미디어 파일을 복구할 수 있는 간단한 창을 제공하는 안전 기능으로, 이러한 파일이 장치에서 영구적으로 제거되기 전에 사용자에게 안전망을 제공한다.

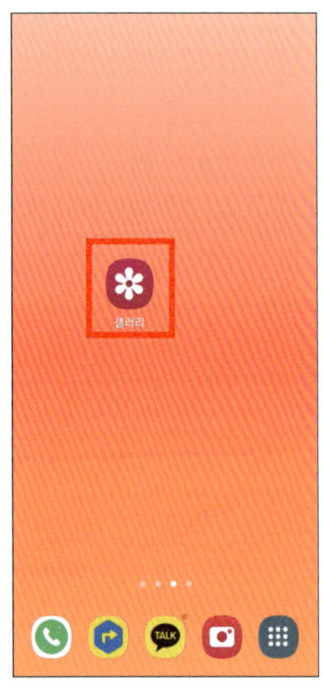 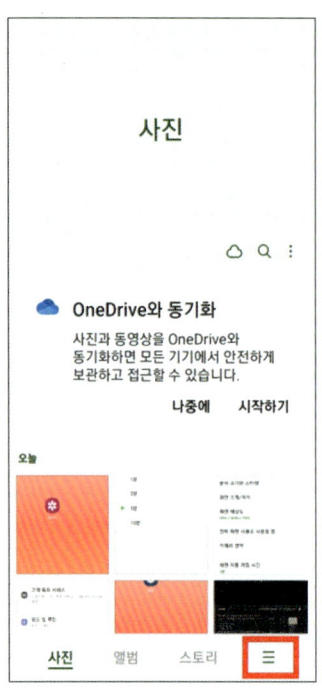 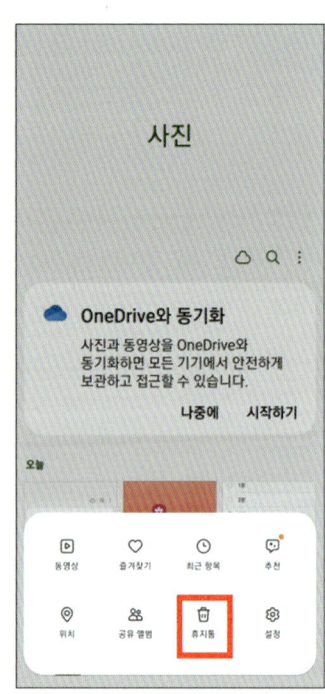

① 갤러리를 선택한다.
② 하단 오른쪽에 줄 3개 (≡)를 선택한다.
③ 휴지통을 선택한다.

④ 편집을 선택한다.
⑤ 복원하고자 하는 사진을 선택한다.(여러장 선택 가능함.)
⑥ 왼쪽 하단에 복원을 누른다.
→ 복원된 사진은 갤러리에서 확인 할 수 있다.

■갤러리 휴지통 비우는 방법

사진 찍을 때 하얀 동그라미가 화면에 돌아다녀요.

하얀 동그라미는 카메라의 촬영 방법 중 플로팅 버튼을 말한다. 주로 스마트폰 카메라 앱에서 사용되며, 화면에 부유하는(플로팅) 버튼을 의미한다. 플로팅 촬영 버튼은 화면 위에서 자유롭게 이동 가능한 촬영버튼을 추가하고, 이 버튼을 눌러 사진을 촬영할 수 있다.

■플로팅 버튼의 장점
*조작 용이성 플로팅 버튼은 일반적으로 화면 위에 원하는 곳으로 이동이 가능한 버튼으로, 촬영 시 조작을 편리하게 해준다.

*한 손으로 촬영: 화면의 다른 부분을 터치하지 않고도 플로팅 버튼을 사용하여 카메라를 쉽게 조작할 수 있어 한 손으로 촬영할 때 유용하다.
① 카메라 앱을 선택한다.
② 톱니바퀴 모양의 설정을 선택한다.
③ 촬영 방법을 선택한다.
④ 플로팅 촬영 버튼을 눌러 비활성화 시킨다.

 잘못 눌러서 설치된 앱은 어떻게 삭제하나요?

앱 삭제는 스마트폰에서 설치된 애플리케이션을 제거하는 과정을 말한다. 앱을 삭제하면 해당 앱과 관련된 데이터 및 설정이 모두 제거된다.

■앱 삭제 시 주의할 점
*데이터 손실: 앱을 삭제하면 해당 앱과 관련된 모든 데이터가 삭제된다. 이는 앱 내의 저장된 정보, 설정, 로그인 정보 등을 포함한다.

*시스템 앱 삭제 주의: 시스템 앱을 삭제하는 경우에는 기기의 안정성에 영향을 줄 수 있으므로 주의가 필요하다.

*다운로드 된 앱 복구: 앱을 삭제해도, 앱 스토어에서 다시 다운로드하여 설치할 수 있다. 앱 스토어에는 이전에 다운로드한 앱 목록이 저장되어 있어 편리하게 다시 설치할 수 있다.

■삭제 이유
*저장 공간 확보: 사용하지 않는 앱을 삭제하여 기기의 저장 공간을 확보할 수 있다.

*성능 개선: 불필요한 앱을 삭제하면 기기의 성능을 향상할 수 있다. 실행 중인 앱의 수를 줄여 배터리 소모와 성능에 긍정적인 영향을 미칠 수 있다.
앱 삭제는 기기의 사용자 지정과 성능 향상에 도움을 줄 수 있는 간단한 방법 중 하나이다. 사용하지 않는 앱을 주기적으로 정리하여 기기의 효율성을 유지하는 것이 좋다.

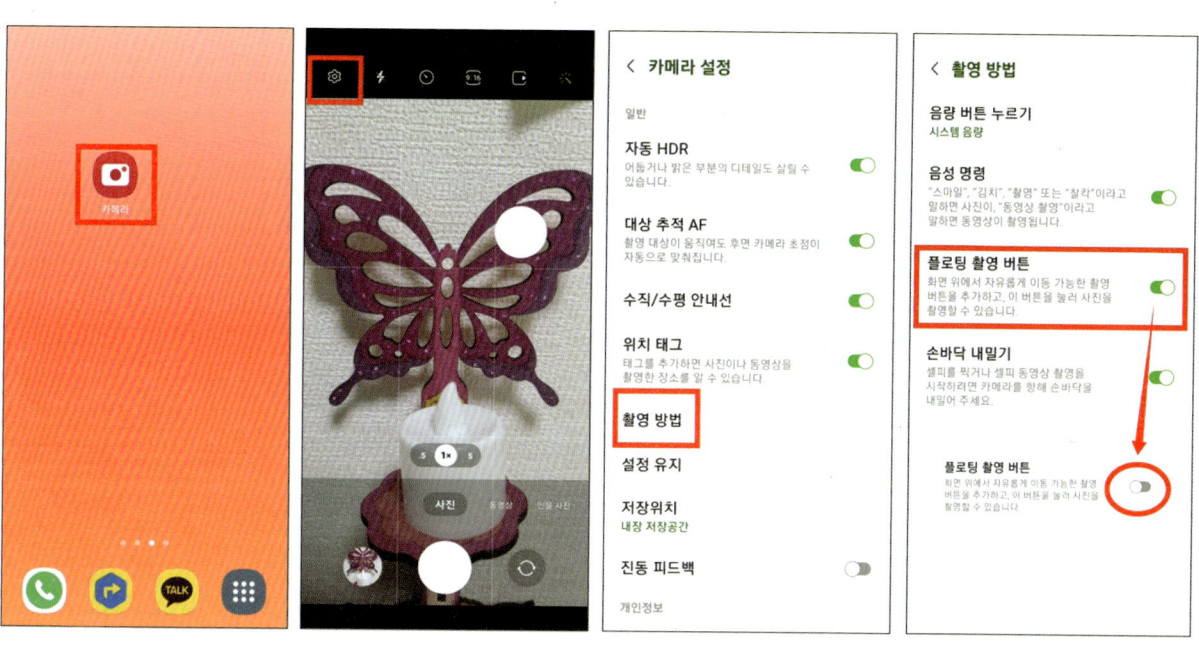

① 삭제하고자 하는 앱을 손가락으로 꾸욱 누른다.
② 설치삭제를 선택한다.
③ 확인을 선택한다.

PART8 스마트폰, 궁금해? 답은 여기있어

스마트폰 배터리 수명 연장 방법에 대해 알려줘.

화면 밝기를 자동으로 조절하거나 최소한의 밝기로 설정하여 배터리 소모를 줄일 수 있다.

2) 잠금 시간 설정

화면이 사용되지 않을 때 자동으로 잠금 되도록 설정해 에너지를 아낄 수 있다. 짧은 시간으로 설정하여 배터리 사용을 최소화해 보자.

3) 사용하지 않는 기능 끄기

사용하지 않는 기능들을 끄면 배터리 수명을 연장할 수 있다. 예를 들어, 위치 추적, 블루투스, NFC 등은 사용하지 않을 때 꺼두는 것이 좋다.

4) 앱 백그라운드 활동 관리

백그라운드에서 실행되고 있는 앱들을 주기적으로 확인하고 종료한다. 이는 배터리를 많이 소모하는 원인 중 하나일 수 있다.

5) 정기적인 충전

배터리를 0%까지 사용하지 않고 충전하거나 100%까지 완전히 충전하지 않는 것이 좋다. 대신, 배터리를 20-80% 사이에서 유지하는 것이 배터리 수명에 도움이 된다.

6) 온도 관리: 너무 높거나 낮은 온도에서 스마트폰을 사용하지 않도록 주의한다. 높은 온도는 배터리 수명을 줄일 수 있다.

7) 업데이트 및 최적화

스마트폰 및 앱의 최신 업데이트를 유지하고 배터리 최적화 기능을 활용한다. 이는 배터리 수명을 늘리고 효율적으로 사용할 수 있게 도와준다.

스마트폰 저장공간 확보하는 방법도 알려줘.

1) 불필요한 앱 삭제
사용하지 않는 앱들을 확인하고 삭제하기
종종 많은 용량을 차지하는 앱들이 있는데, 이들을 삭제하면 저장 공간을 많이 확보할 수 있다.

2) 사진 및 동영상 관리
불필요한 사진이나 동영상을 정리하고 백업하기
클라우드 서비스를 활용하거나 컴퓨터에 저장하여 기기의 저장 공간을 확보하자.

3) 캐시 및 임시 파일 삭제
앱들이 생성하는 캐시 파일과 임시 파일을 정기적으로 삭제하기
이는 여유 공간을 만들어주는 데 도움이 된다.

4) 의도치 않은 다운로드 방지
스마트폰 설정에서 의도치 않은 다운로드를 막는 설정을 활성화하기
이렇게 하면 악성 소프트웨어나 불필요한 파일을 다운로드하는 것을 방지할 수 있다.

5) 기타 저장 공간 절약 방법
대용량의 파일을 저장할 필요가 없는 경우, 해상도를 낮추거나 파일 크기를 줄여 저장 공간을 절약할 수 있다. 또한, 오프라인으로 저장된 음악이나 동영상을 온라인 스트리밍으로 대체하여 공간을 확보할 수 있다

이러한 방법들을 통해 스마트폰의 저장 공간을 관리하고 확보할 수 있다. 요즘 스마트폰은 용량이 한정적이기 때문에 주기적으로 정리하고 관리하는 것이 좋다.

PART 9

카카오톡의 숨어 있는 여러 가지 기능 알아보기

김 선 규

스마트폰 활용 지도사 자격증을 취득하고 나눔의 선한 영향력을 펼치고 있다. 인공지능 및 웹3.0시대 디지털역량 강화를 위해 한국열린사이버대학교 인공지능융합학과에 재학중이다.

■ 자격증
시낭송1급 자격증(2023.07.18. 한국문화예술 평생교육원)
건강관리사1,2급 자격증(2023.01.05. 한구평생교육진흥원)
스마트폰 활용지도사 자격증(2022.09.25. 미래창조 교육개발원)
아로마 상담사 자격(2022.06.26. 아로마테라피협회)
국제아토피강사 자격증(2014.11.20. 국제아토피협회) 외 다수

■ SNS채널
이메일 zcbm6891@gmail.com

CONTENTS

카카오톡에 숨어있는 여러가지 기능 알아보기	145
카카오톡 택배보내기	146
광고전화 차단하기	148
다양한 멤버쉽 한 번에 적립하기	150

 ## 카카오톡에 숨어 있는 여러 가지 기능 알아보기

스마트폰과 카카오톡을 활용한 기능은 우리의 일상생활에 깊숙이 들어와 있다. 한국에서 가장 인기 있는 메신저 서비스인 카카오톡은 채팅, 사진, 동영상, 음성 메시지, 게임, 쇼핑 등 다양한 기능을 제공한다.

카카오톡은 카카오가 2010년 출시한 무료 모바일 메신저 서비스다. 2023년 10월 기준으로 월간 활성 이용자 수(MAU)가 4,600만 명을 돌파했다. 카카오톡의 주요 서비스는 다음과 같다.

메시지 : 텍스트, 이미지, 동영상, 음성, 위치 공유 등 다양한 형태의 메시지
채팅방 : 친구, 가족, 동료 등과 함께 대화를 나눌 수 있는 채팅방
그룹 채팅 : 최대 500명까지 참여할 수 있는 대규모 채팅방
오픈 채팅 : 누구나 참여할 수 있는 공개 채팅방
톡톡 : 비즈니스용 메신저로, 기업과 고객 간 소통을 지원한다.
카카오페이 : 카카오톡을 통해 결제, 송금, 투자 등 금융 서비스를 이용할 수 있다.
카카오맵 : 길 찾기, 대중교통 정보, 내비게이션 등 다양한 생활밀착형 서비스를 제공
카카오톡 선물하기 : 카카오톡을 통해 선물을 주고받기
카카오톡 게임하기 : 카카오톡을 통해 게임
카카오톡 이모티콘 : 월 구독제와 건당구매결재 / 무료이모티콘을 구매할 수 있다.

카카오톡의 특징은 누구나 쉽게 사용할 수 있는 간편하고 직관적인 사용성에 있다. 메시지, 채팅방, 오픈 채팅, 톡톡, 카카오페이, 카카오맵, 카카오톡 선물하기, 카카오톡 게임하기, 카카오톡 이모티콘 등 다양한 기능과 서비스를 제공하며 사람들의 생활을 풍요롭게 만들어 주고 있다. 단순한 메신저 서비스에서 벗어나 다양한 생활 밀착형 서비스를 제공한다.

카카오톡은 출시 이후 국내 모바일 메신저 시장에서 독보적인 점유율을 유지하고 있다. 2023년 10월 기준으로 누적 다운로드 수는 10억 건을 돌파했다. .앞으로도 다양한 기능과 서비스를 추가하여 사용자의 편의를 높이고, 국내 대표 모바일 메신저로서의 입지를 공고히 하고 있다.

 카카오 택배 보내기

1. 본인의 카톡을 열어서 맨 아래쪽 빨간 네모 속에 있는 점3개를 터치한다.
2. 바뀐 화면 더보기에서 빨간 네모 칸에 있는 카카오페이를 터치한다.
3. 카카오페이로 바뀐 화면에서 첫 줄 4번째 전체를 터치한다.

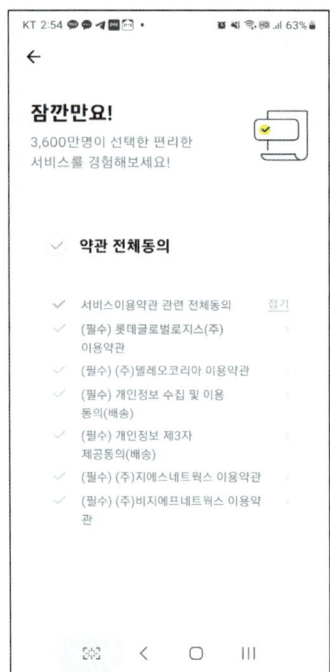

4. 전체화면에서 쭉 내려가면 더보기에서 배송을 터치한다.
5. 화면이 바뀌면 약관 전체동의를 클릭한다.
6. 배송 화면이 나오면 본인이 사용하고자 하는 택배를 터치한다.
다음은 방문 택배를 해보자.

 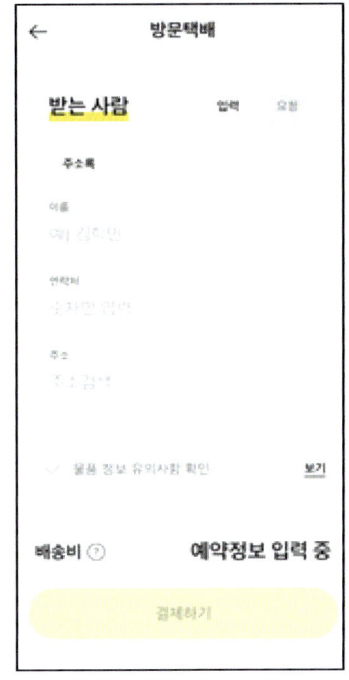 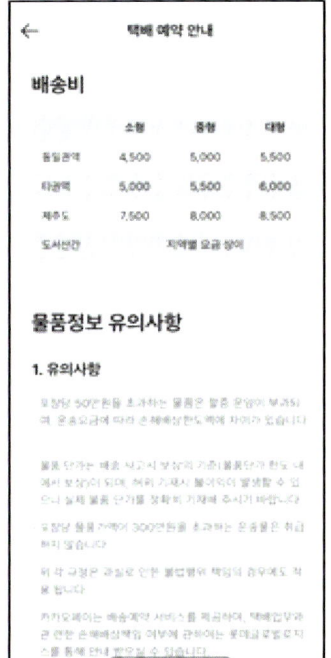

7. 보내는 사람 이름, 연락처(스마트폰 번호), 주소 입력하고, 방문 희망일과 방문 시 요청사항을 눌러서 체크하면 된다. 보내는 사람 정보는 카카오페이에 등록된 정보가 자동으로 입력 된다.

8. 계속해서 아래로 내려보면 물품 정보란에 물품명, 물품 단가, 박스의 크기, 수량을 체크하고 다시 더 내려보면 받는 사람 정보 입력란에 차례대로 입력하면 된다. 받는 사람 정보는 톡 친구, 주소록, 새 주소 입력 중에서 선택할 수 있다.

9. 처음 사용하는 분은 물품 정보 유의 사항 확인도 해보기 바란다.
10. 배송비도 확인하고 사용한다.

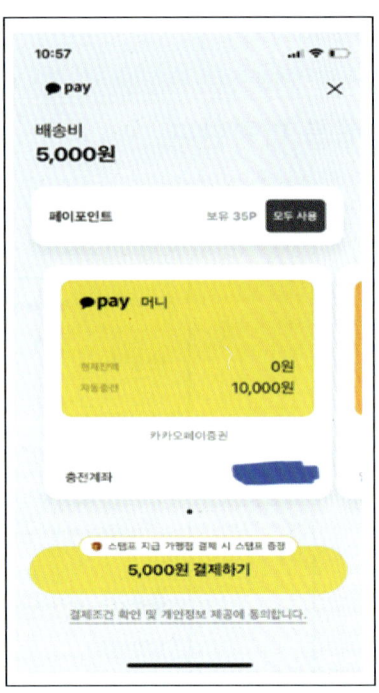 

12. 모든 정보 입력하고 결재하기 버튼을 누르면 예약 접수가 완료된다.
13. 본인이 예약한 날짜에 기사님의 방문하실 멘트가 나온다.

카카오 택배를 이용하면 집에서 편리하게 택배를 보낼 수 있다.

광고전화 차단하기

1. 본인의 카톡을 열어서 맨 아래쪽 빨간 네모 속에 있는 점 3개를 터치한다.
2. 바뀐 화면 더보기에서 빨간 네모 칸에 있는 카카오페이를 터치한다.
3. 다음 화면에서 전체를 클릭한다.
4. 스크롤바를 쭈욱 내려서 더보기가 나오면 광고 전화 차단하기를 클릭한다.

 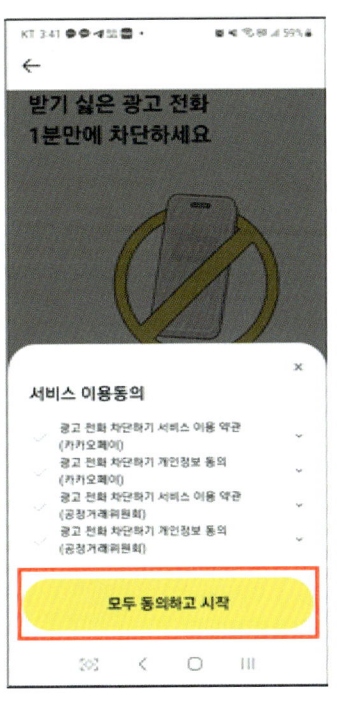 

1. 다음 화면에서 광고 전화 차단하기를 클릭한다.
2. 다음 화면에서 서비스 이용 동의에 모두 동의하고 시작을 클릭한다.
3. 문자로 전송된 6자리 숫자를 입력한다.

  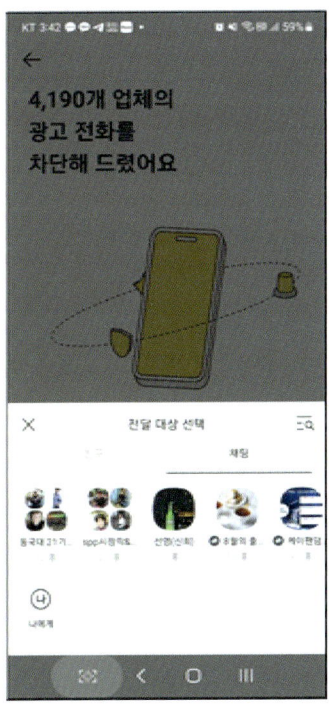

PART9 카카오톡의 숨어 있는 여러 가지 기능 알아보기 149

1. 인증번호 인증하면 다음 화면으로 넘어간다.
2. 화면처럼 4,190개의 업체의 광고 전화를 차단해 주었다고 나온다. 각자 개인의 스마트폰 계정마다 차단된 업체의 숫자가 다르게 나타난다.
3. 친구에게도 알려주기를 클릭하면 다음 화면에 전달할 대상을 선택할 수 있는 화면이 나타난다.

 ## 다양한 포인트 한 번에 적립하기

1. 본인의 카톡을 열어서 맨 아래쪽 빨간 네모 속에 있는 점 3개를 터치한다.
2. 바뀐 화면 더보기에서 빨간 네모 칸에 있는 카카오페이를 터치한다.
3. 결재 창을 터치한다.
4. 페이지가 바뀌면 맴버십을 터치한다.
5. 바뀐 화면에서 발견을 클릭한다.
6. 본인이 자주 쓰는 제휴사가 있다면 터치한다.

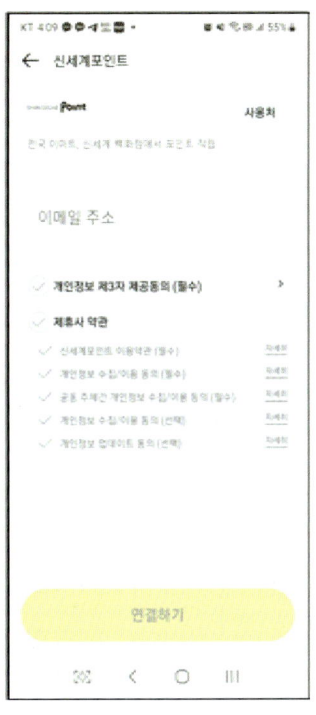  

1. 이메일 주소를 입력한다.
2. 연결하기 클릭한다.
3. 멤버십 자동 적립 화면이 나오면 확인을 클릭한다.
4. 본인이 적립하고 있는 포인트를 모두 확인 해 보자.

 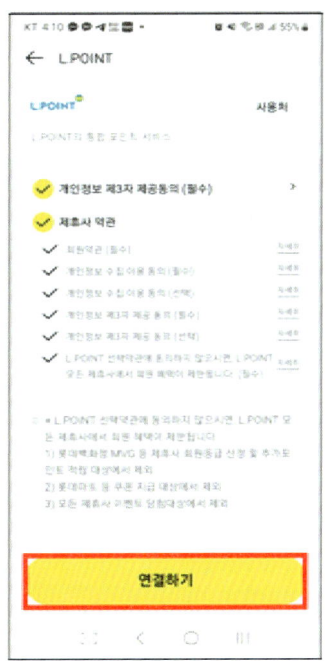 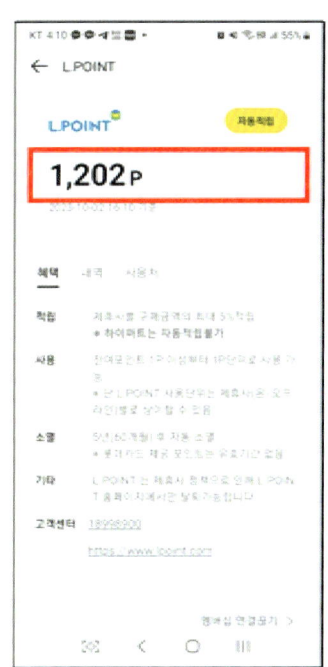

1. L.PONT를 선택 해 보자.
2. 개인정보 동의 화면에서 모두 체크하고 연결하기를 클릭한다.
3. L.PONT에 1,202P 적립되어 있다. 각자의 화면마다 개인의 포인트가 다르게 나온다.

1. 멤버십 창에서 여러 가지 포인트가 보인다. 스크롤을 아래로 내리면 사용처를 클릭한다.
2. 신세계 포인트만 해도 사용처가 이렇게 많이 있다.

포인트 사용처는 계속 업데이트 되고 있다. 우리는 편리하고 재미있는 디지털 세상을 경험하게 될 것이다.

카카오톡의 기능은 진화하여 인공지능까지 탑재되고 있다. 우리는 디지털 세상에서 공존하면서 유용한 숨은 기능을 찾게 될 것이다.

PART 10

스마트폰 기본 활용

김 지 연

아트&하트 퇴계남부점 미술 강사로 활동하며 예술 교육을 통해 창의적인 인재 양성에 기여하고 있다. 스마트폰 활용 강사를 시작으로 디지털융합노하우를 교육생들에게 전하는 역할을 하고 있다.

■ 주요 경력 및 활동
스마트폰 활용 강사
춘천주간재가보호센터 사회복지사
대한심폐소생협회 CPR강사
아트&하트 퇴계남부점 미술강사

■ 자격증
사회복지사(2급)
청소년지도사(2급)

■ SNS채널
이메일 1004mammoth@hanmail.net

CONTENTS

저장공간 확보하기	**157**
화면 글자 크기 조정하기	**159**
화면 꺼짐 시간 조절하기	**161**

스마트폰 기본활용

내 손 안의 컴퓨터 스마트폰은 전화통화를 비롯해 음악이나 동영상 감상은 물론 정보검색, 문서작성, 영상편집 등 다양한 일을 할 수 있다. 하루 종일 가장 가까이에서 가장 오랜 시간 함께하는 스마트폰에 대한 활용법을 알아보자. 저장 공간 확보하기, 화면글자 크기 조정하기, 화면 꺼짐 시간 조정하기로 나누어 살펴보겠다.

 저장공간 활용하기

다양한 작업을 원활하게 하기 위해서는 저장공간이 여유있게 확보되어 있어야 한다. 스마트폰의 저장공간은 64GB/128GB/256GB/512GB 등 다양하게 있다. 앱을 다운로드하고 사진이나 동영상을 저장하면 그만큼 공간을 차지하여 여유 공간이 부족해져 속도가 느려지고 파일이나 사진을 저장하기 어려워진다. 따라서 수시로 필요 없는 파일은 삭제하여 공간을 확보해야 한다. 언제 어디서든 저장공간을 확보하는 쉽고 간단한 방법을 알아보자.

스마트폰의 상단바(상태 알림창)를 내려 오른쪽 상단의 톱바퀴 모양의 설정을 터치하거나 앱스화면에서 설정앱을 선택한다.

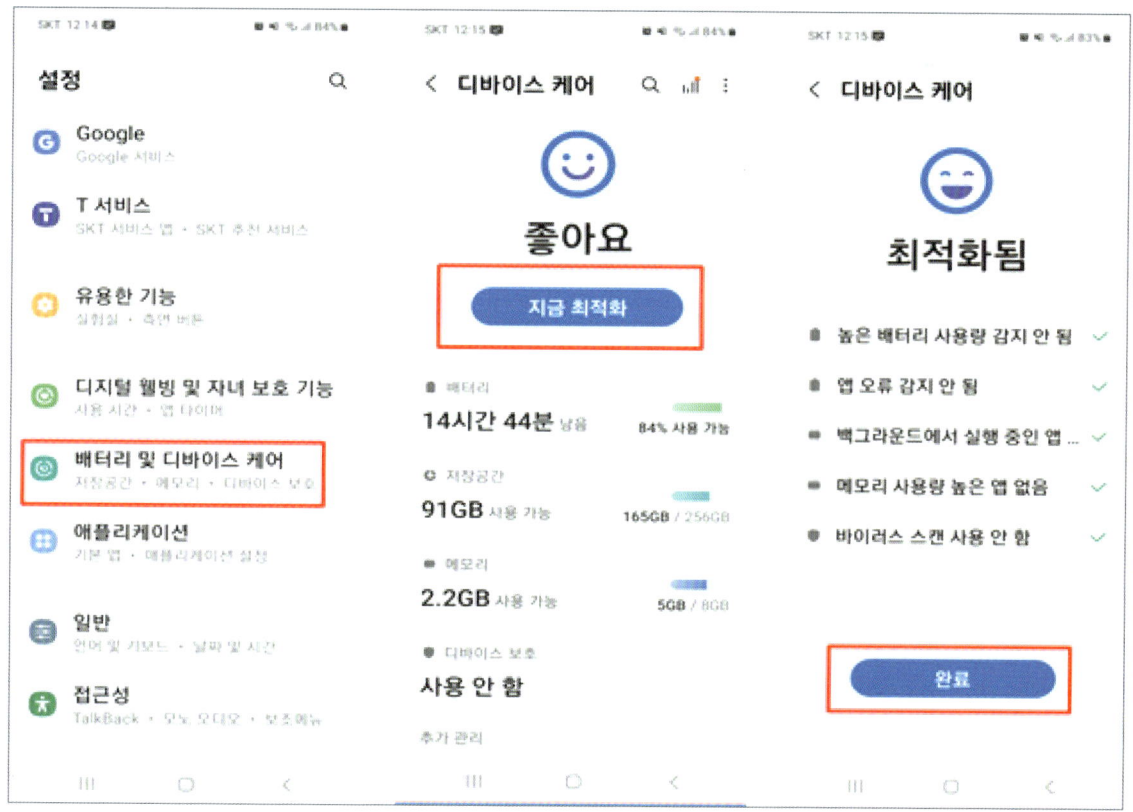

'배터리 및 디바이스케어'를 선택한 후 '지금 최적화'를 터치하면 자동으로 청소가 되어 저장공간이 확보된다. 설정의 디바이스케어에서 저장공간을 터치후 '완료'를 터치한다.

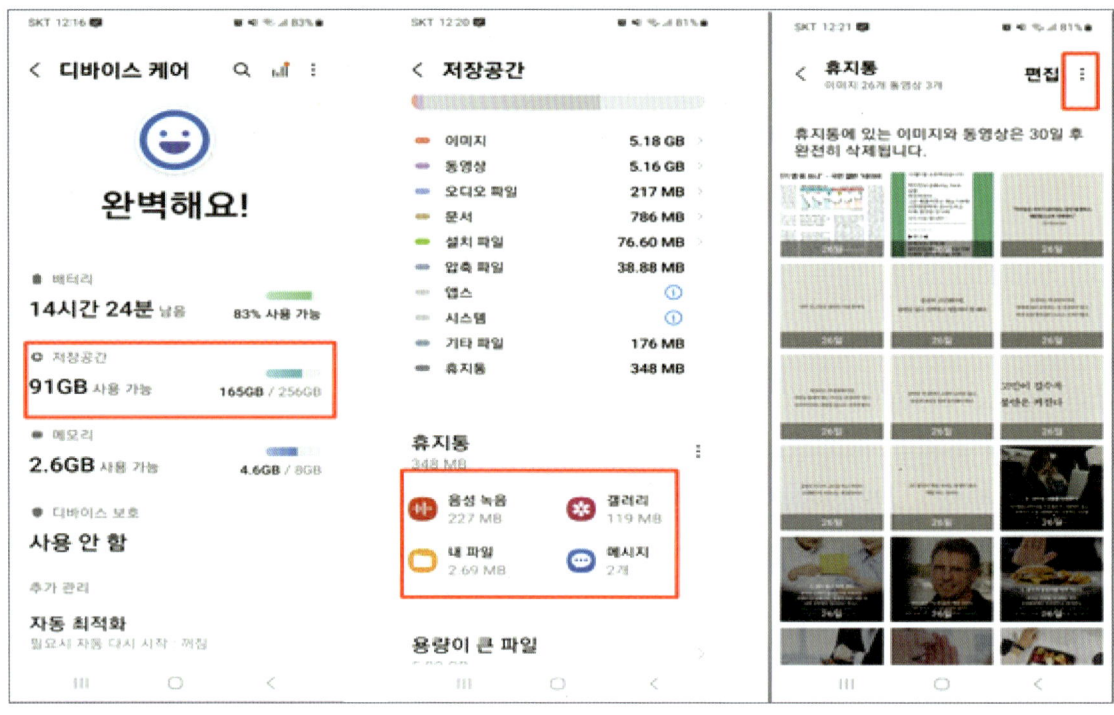

이미지나 동영상, 오디오 등 다양한 자료들이 어느 정도의 공간을 차지하는지 한 눈에 파악할 수 있다. 휴지통에는 기본적으로 설치된 앱에서 삭제한 파일들이 저장되어 있어서 휴지통 비우기를 해야 완전히 삭제되어 저장공간이 확보된다. 앱을 터치하면 각각의 휴지통으로 이동하게 된다. 오른쪽 상단의 점 3개 더 보기를 터치한다.

휴지통에 있는 모든 이미지를 한 번에 삭제할 수도 있고 원하는 이미지만 선택하면 갤러리로 복원하거나 삭제할 수 있다.

화면 글자 크기 조정하기

화면에 보이는 글씨의 크기나 폰트, 전체적인 화면사이즈도 키워서 설정해 놓으면 좀 더 편안하게 볼 수 있다.
'설정'에서 화면을 하단으로 내려 디스플레이를 터치한다.

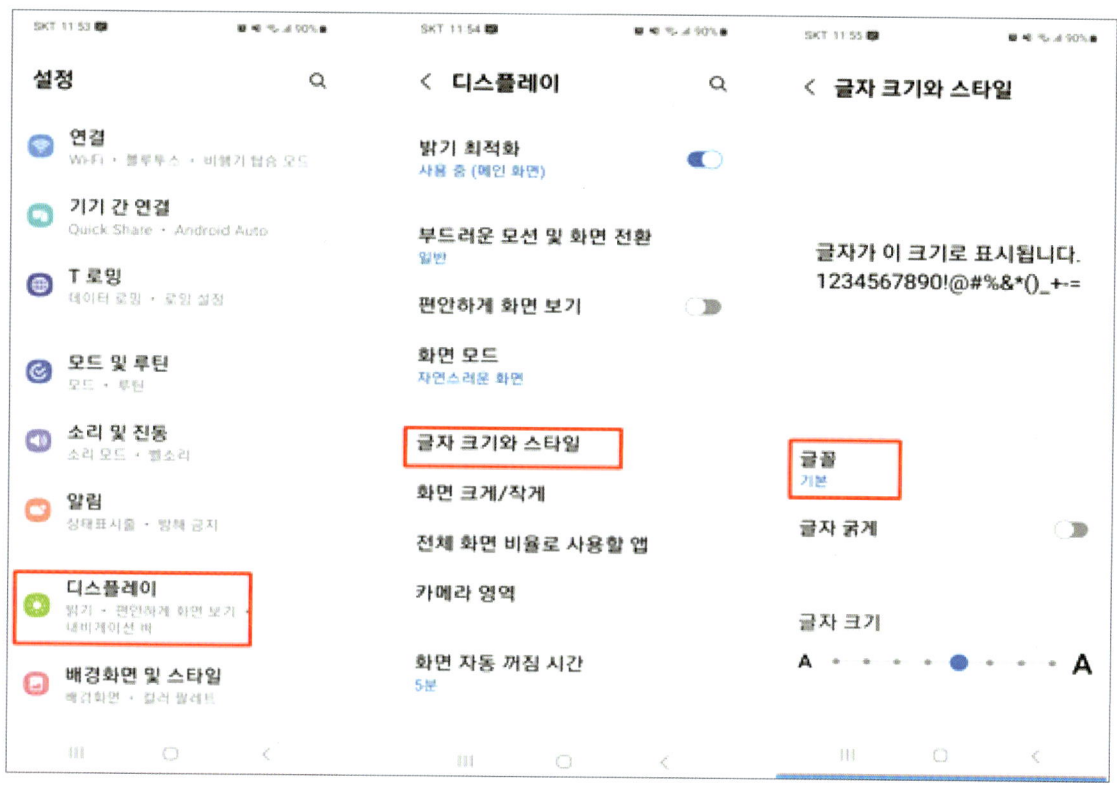

'글자 크기와 스타일'을 터치하면 글꼴(폰트)를 원하는 대로 바꾸거나 다운받아 사용할 수 있고 글자 크기도 선택할 수 있다. '초코쿠키' 글씨체를 선택하고 이전화면으로 가면 글씨체가 바뀐 것을 확인할 수 있다. 새로운 폰트를 사용하기 위해 글꼴 다운로드를 터치한다.

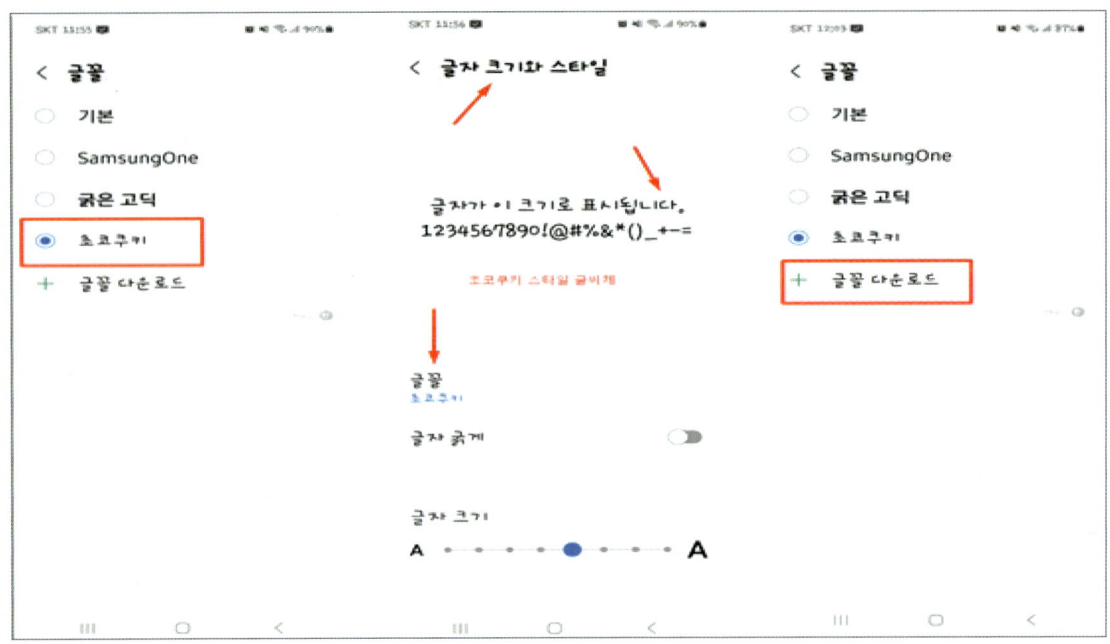

유료, 무료의 다양한 글씨가 있다. 원하는 폰트를 선택하여 설치한 후 적용을 누른다. 뒤로 가기를 터치하면 내려받은 '팅커벨' 폰트가 적용된 것을 알 수 있다.

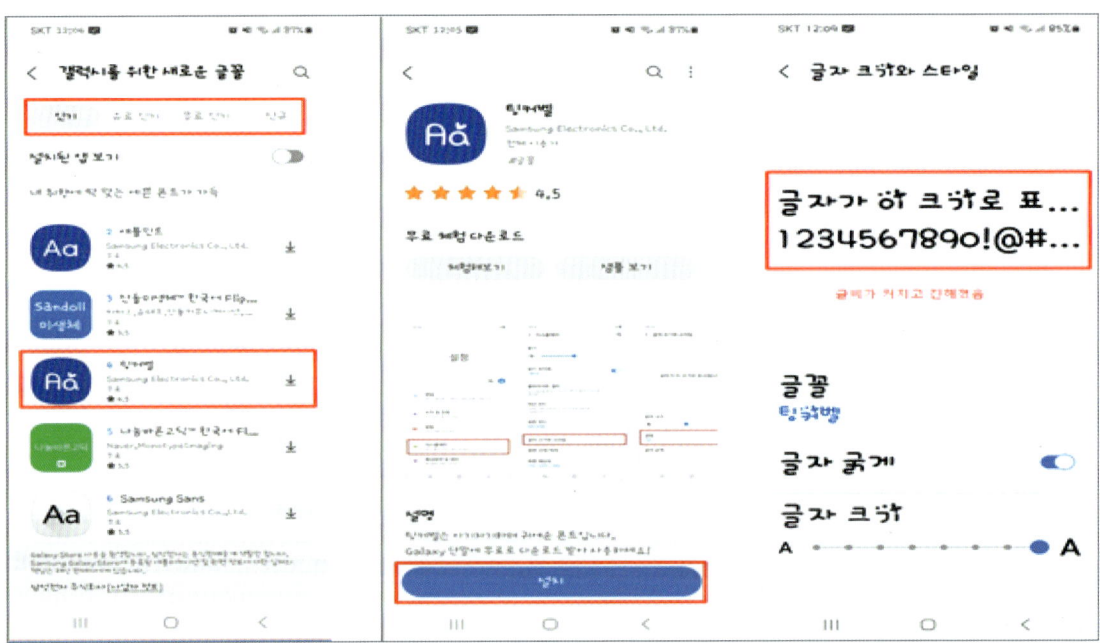

화면 전체의 크기를 조절해 보자. 설정의 디스플레이에서 '화면 크게/작게'를 터치한다. 화면 하단의 눈금 포인트를 터치하면 확대/축소된 화면을 확인할 수 있다. 편하게 볼 수 있는 화면사이즈를 선택하면 된다.

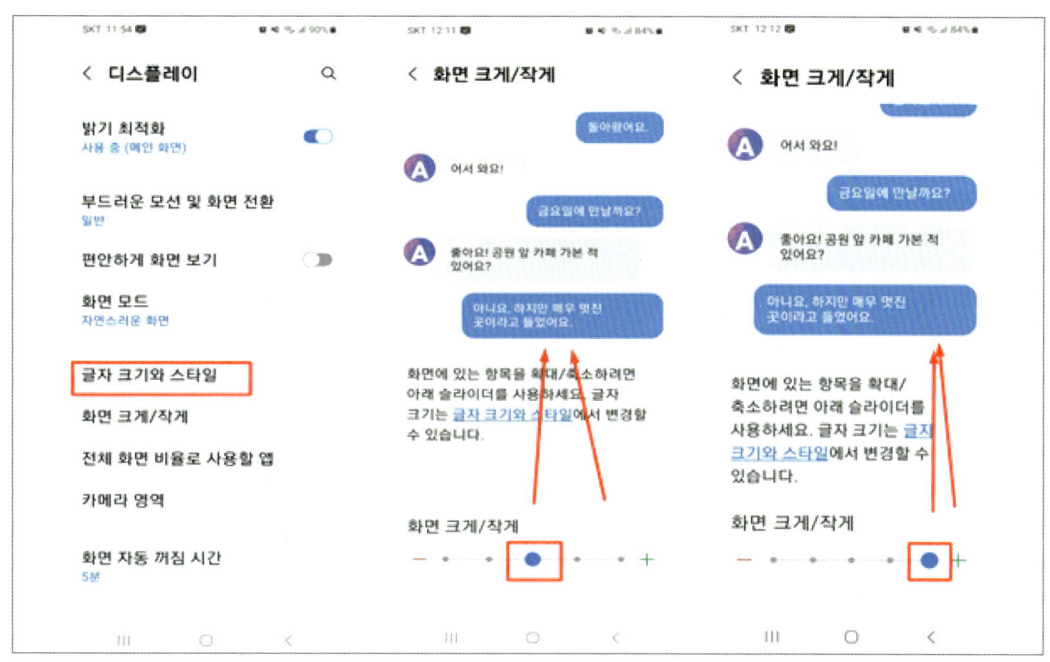

화면 꺼짐 시간 조절하기

휴대전화를 사용할 때 화면을 한참 동안 보고 있으면 자동으로 화면이 꺼지는 경우가 있다. 이럴 경우 화면 자동 꺼짐 시간을 좀 더 길게 설정해 놓으면 편리하게 사용할 수 있다.

'설정'의 '디스플레이'에서 '화면 자동 꺼짐 시간'을 터치한다. 초기 설정은 30초지만 원하는 시간을 선택할 수 있다.

에필로그

이번에 여러 작가님들과 함께 '시니어, 신중년을 위한 SNS 스마트폰 활용 마스터북'을 출간하게 되어 감회가 새롭습니다.

이 책은 단순한 스마트폰 활용 가이드를 넘어 시니어와 신중년층의 디지털 소외를 해소하고자 제작된 책입니다. 시니어와 신중년 분들의 삶의 질을 높이는 데 기여하고자 하는 저자들의 소망을 담고 있습니다. 이 책을 시작으로 인공지능 기술을 융합한 저서 활동까지 확장할 계획입니다.

저는 한국열린사이버대학 인공지능융합학과 특임교수로서 인공지능 기술이 교육 분야에 미치는 영향력을 믿습니다. 앞으로 이 책은 분기별 업데이트를 통해 최신 인공지능 기술을 반영하고 시니어의 다양한 요구를 충족시키는 방향으로 발전해 나갈 것입니다.

전국 스마트폰 활용 강사 여러분, 여러분은 이 책을 통해 스마트폰 활용 마스터 분야의 선구자로 중요한 역할을 수행하길 기대합니다. 저희는 여러분과 함께 시니어 시대에 필요한 스마트 교육 프로그램을 개발하고 더 나아가 스마트 사회를 만들어 나가고자 합니다.

이 책이 여러분의 소중한 교재가 되기를 바라며 여러분의 헌신적인 노력에 감사드립니다. 함께 만들어가는 스마트 시니어 시대, 여러분의 적극적인 참여를 부탁드립니다. 많은 관심과 격려 부탁 드립니다.

2024년 4월
한국열린사이버대학교 인공지능융합학과 특임교수 노정자

MEMO